AF204872

Holunder

MARGOT FISCHER

MIT ILLUSTRATIONEN VON
LINDA WOLFSGRUBER

mandelbaums *kleine gourmandisen*
N° 5

Die Angaben über medizinische Anwendungen und Wirkungen sind nach kritischer Prüfung historischer und zeitgenössischer Fachliteratur entnommen. Dennoch kann für die Angaben keine Haftung übernommen werden. Von einer Selbstbehandlung schwerwiegender Erkrankungen ohne ärztlichen Rat wird abgeraten.

Das Verzeichnis der verwendeten Literatur würde den Rahmen dieses Buches sprengen und findet sich daher auf
www.margot-fischer.net

www.mandelbaum.at
www.mandelbaum.de
ISBN 978-3-85476-503-5
© mandelbaum *verlag* wien, berlin 2016
alle Rechte vorbehalten
2. Auflage 2022
Lektorat: Inge Fasan
Satz & Umschlaggestaltung: Michael Baiculescu
Illustrationen: Linda Wolfsgruber
Druck: Interpress, Budapest

ZUM GELEIT

»Plopp!«, tönte es jedes Jahr aus dem Keller meiner Tante. »Jetzt ist er fertig«, sagte sie daraufhin, und in die Augen der Anwesenden trat erwartungsvolles Glitzern. Also stand meine Tante auf, um zum einen das Ergebnis ihrer Arbeit zu begutachten, zum anderen eine Überschwemmung ihres Kellers mit Hollersekt zu unterbinden. Jene Flaschen, die ihren Korken verschossen hatten, brachte sie zum Tisch unter dem uralten Kirschbaum, wo sich rasch eine fröhliche Runde einfand.

Jedes Mal war ich aufs Neue verwundert, wie gelassen meine so überaus auf penible Sauberkeit bedachte Tante auf die »Schweinerei« im Keller reagierte, die der überquellende Sekt mitunter anrichtete. Für eine Interpretation nach Freud war ich damals noch viel zu jung.

In den folgenden Tagen floss das wundervoll feinperlende, blütenduftende Getränk literweise in die Kehlen der zahlreich herbeiströmenden Bekannten und Verwandten. Auch wir Kinder bekamen hin und wieder einen winzig kleinen Schluck. Uns gefiel der Holunder nicht nur aus kulinarischer Sicht. Wir schätzten ihn wegen des leicht zu entfernenden Marks als Lieferanten für Blasrohre und Flöten. Mit Holunderflöten sollen sich Geister herbeirufen lassen, im Idealfall der heilkundige Gott Pan selbst. Zu mir kamen allerdings bestenfalls streunende Katzen. Viel später erfuhr ich, dass schon in der Steinzeit durch Bogensehnen angetriebene Holunderäste als Hohlbohrer in Gebrauch waren. Vielleicht hätte ich damit wirksamere Flöten bauen können.

Zur Freude meines Umfeldes konzentrierte ich mich später mehr auf die lukullischen und medizinischen Aspekte der Pflanzen. Mittlerweile erschloss sich mir der Holunder als vielseitige und heilsame Ingredienz zahlreicher köstlicher und wirksamer Zubereitungen, von denen ich in diesem Büchlein einige verrate.

Vergnügliche und genussvolle Stunden bei bester Gesundheit!

DER WOHNSITZ MYSTISCHER GESTALTEN AN DER SCHWELLE ZWISCHEN DEN WELTEN

Strahlend hell wie die Lichtgestalten des Frühlings leuchten die Blüten, dunkel wie die herbstlichen Kreaturen der Unterwelt schimmern die Früchte. Holunder verkörpert auf sehr anschauliche Weise das archaische Prinzip der mehrgestaltigen Naturwesen, die Werden und Vergehen in sich vereinen. Dementsprechend statten die Überlieferungen die Pflanze mit schützenden, aber auch unheilvollen Eigenschaften aus.

Holunder findet sich seit prähistorischen Zeiten in der Nähe menschlicher Behausungen. Schon sehr früh werden die Menschen erkannt haben, dass die Pflanze sowohl heilsame und nahrhafte Eigenschaften als auch giftige Wirkung aufweist. Überdies ist der Holunder eine Zeigerpflanze für Erdstrahlen und wächst somit gerne an Orten, die für kultische Handlungen prädestiniert sind. Es lag daher nahe, dem Gewächs übersinnliche Wesen mit mannigfachen Charakterzügen zuzuordnen und diese um Schutz für das Haus und die darin Lebenden zu bitten – oder sie zumindest mit Opfergaben zu besänftigen.

In weiten Bereichen Europas bewohnt den Holunder eine mütterliche Gestalt. Sie schützt, nährt und heilt, straft jedoch bei Fehlverhalten. Als Urform dieses Hulda oder Holda genannten Geisterwesens gilt die jungsteinzeitliche Große Mutter. Es finden sich auch Elemente daran anknüpfender Gottheiten, wie die altisländische Erd- und Fruchtbarkeitsgöttin Hlodyn und die altgermanische Göttin Hludana sowie die nordische Unterweltsgöttin Hel.

Auffallend sind die Parallelen zu Frau Perchta in der kontinentalgermanischen und slawischen Mythologie, die altgermanische und norische Elemente vereint. Ursprünglich waren sowohl Holda als auch Perchta Begleiterinnen durch alle Phasen der Existenz. Sie spannen den Schicksalsfaden und prüften den Charakter der Menschen. Beide mythologischen Gestalten führten eine Schar von Wesen aus dem Jenseits an. Diese konnten wohlgesonnen oder strafend auftreten. Die Begleiter der Holda hießen Hulden, Huldren oder Hollen, gleichbedeutend mit »Anmutige«, »freundlich Gesonnene«. Euphemistische Bezeichnungen für Wesen, die man fürchtete, waren bereits in der Antike üblich. Sie dienten dazu, diese Kreaturen milde zu stimmen. Auch die höfliche Anredeform mit *Frau* Holle zeigt den Respekt, der diesem Wesen entgegengebracht wird. Das mittelhochdeutsche *frouwe* bedeutete Herrin.

Vermutlich entwickelte sich die Figur der Frau Holle, die »Huldvolle«, möglicherweise auch Frau Perchta, die »Glänzende«, aus Beinamen der nordischen Göttin Frigg (ahd. Frîja), Schutzpatronin von Haushalt, Ehe und Mutterschaft. Überdies webt Frigg die Wolken, ein mythologisches Element, das im Märchen der Frau Holle in symbolischer Abwandlung erhalten geblieben ist.

Falls die These stimmt, war die Kreation eigenständiger Gestalten ein ausgesprochen geschickter Schachzug. In Zeiten der Christianisierung wäre es keine gute Idee gewesen, den Namen einer »heidnischen« Göttin auszusprechen oder sie gar anzubeten, wollte man nicht des Götzendienstes bezichtigt werden.

Laut einer anderen Theorie mit Betonung des Unterweltsaspektes leiten sich Holda von ahd. *helan*, verhehlen, und Perchta von ahd. *pergan*, verbergen, ab. Argumentiert wurde in diesem Zusammenhang mit der Vorliebe des Holunders für feuchte und damit nebelig-gespenstische Gebiete und dem Auftreten der Perchta in den Raunächten. Diese Interpretation fand in wissenschaftlichen Kreisen allerdings wenig Gegenliebe.

Im Gegensatz zu Frau Holle hielt sich Frau Perchta nicht in ihrer ursprünglich mächtigen Position. Mit fortschreitender Christianisierung ersetzte die Heilige Luzia sie in der Funktion als Lichtbringerin. Der Nikolaus übernahm ihre Aufgabe als Beurteilerin menschlichen Verhaltens. Perchta selbst wurde zur schaurigen Maskenfigur in raunächtlichen Umzügen degradiert. In den Masken erhielten sich die archaischen Bilder der Mischwesen aus Mensch und Tier. Perchta behielt von ihrer Assoziation mit der Vogelgöttin, der Seelenbegleiterin, lediglich die lange Nase. Vielleicht hätte sie bessere Karten gehabt, wenn sie auch einen so schmackhaften und heilkräftigen Wohnort wie die Frau Holle gewählt hätte.

Als erste schriftliche Erwähnung der Holda gilt das Dekret des Bischofs Burchard von Worms aus dem frühen 11. Jahrhundert. Darin findet sich eine – wohl erst später hinzugefügte – Notiz über eine weibliche Dämonenschar, die mit einer *strigaholda* durch die Luft fahre. Als *striga* bezeichnete man zauberkundige Frauen und solche, die sich vom Teufel zu Ritten durch die Luft inmitten einer wilden Horde verleiten lassen. Bemerkenswert ist eine Bestimmung im langobardischen Edictum Rothari aus dem Jahr 643, welche die Tötung von Personen verbietet, die man für *striga* hält. Noch bemerkenswerter ist die Begründung: Kein Christ dürfe jemals glauben, eine Frau könne einen Menschen bei lebendigem Leib innerlich verschlingen. So fortschrittlich ging es jedoch nicht überall zu. Bis in das 17. Jahrhundert sind in den Akten zu Hexenprozessen Hollen und Holden vermerkt. Sie werden als Produkt der sexuellen Vereinigung von Teufel und Hexe betrachtet.

Muttergöttinnen geleiten die Menschen in ihrer Persönlichkeitsentwicklung von der Geburt bis zum Tod. So auch Frau Holle. Sie empfängt die Seelen Verstorbener und entlässt Neugeborene ebenso wie keimende Pflanzensamen aus ihrem Reich. Im von den Brüdern Grimm aufgezeichneten Märchen symbolisiert der Backofen mit den Broten den Uterus mit heranreifenden Lebewesen. In Hans Christian Andersens »Holundermutter« ist der Backofen eiförmig und der Bezug zu Freya, der nordischen Göttin der Liebe und Fruchtbarkeit, sehr deutlich. Als Himmelsgöttin beherrscht die Holundergöttin die Elemente. Sie erscheint demgemäß im Märchen als Federbetten ausschüttelnde Frau, die es auf der Erde schneien lässt. Schon Herodot 4,7 erzählt von der Assoziation des Schnees mit Federn durch die Skythen. Interpretiert wird der Schnee vielerorts mit der Klarheit des Geistes und der Weisheit des – weißhaarigen – Alters.

In der slawischen Mythologie spricht die Erdgöttin Mokuschla den Holunderstrauch heilig. In altpreußischen Sagen wohnt der Erdgott Puschkaitus unter einem Holunder. Bei guter Laune gehalten wird er mit Bier und Speisen als Opfergaben. In der neopaganistischen und keltischen Mythologie ist der Holunder mit der Erdgöttin Morrigan und der Lichtgöttin Brighid assoziiert. Auch Pan, der griechische Fruchtbarkeitsgott, wird mit dem Holunder in Verbindung gebracht. Neopaganisten wollen seine Flöte aus Holunderholz gefertigt sehen. Die antiken Griechen wären wohl kaum einverstanden mit dieser Version. In der griechischen Mythologie hatte Pan der liebreizenden Wassernymphe Syrinx nachgestellt. Um seinen Annäherungsversuchen zu entkommen, hatte sie sich in Schilf verwandeln lassen, das eine schwermütige Melodie spielte, wenn der Wind darüberstrich. Da Pan seine Finger dennoch nicht von der holden Maid lassen konnte, baute er aus dem Schilf eine Flöte.

Gemäß der schwedischen Überlieferung erscheint in der Nacht zur Sommersonnenwende die Lichtgöttin Brigid im Holunder, für die Hausgeister schüttet man Milch auf die Wurzeln. In Dänemark bewohnt die Holunderfrau den Strauch, darunter wohnen die Zwerge, da sie den Duft der Blüten lieben. In Schweden soll man sich zur Mittsommernacht unter einen Holunder setzen, um den Elfenkönig mit seinem Gefolge sehen zu können. Es empfiehlt sich, dabei einen alten Kinderreim zu beherzigen:

> »Ringel, Ringel, Reihe
> wir sind der Kinder dreie
> wir sitzen unterm Hollerbusch
> und machen alle husch, husch, husch.«

Das Konzept der Mutter Erde umfasst das Leben spendende, Nährende und Schützende der Ahnen sowie große magische Macht. Der Volksmund fordert daher, vor dem Holunder den Hut zu ziehen. Vor dem Abschneiden von Ästen musste man drei Mal um Erlaubnis bitten und sich bei der Pflanze entschuldigen. Eine schöne Kombination aus Respekt und dem Wissen um Kreisläufe in der Natur illustriert der englische Spruch vor dem Schnitt: *»Lady Ellhorn, give me of thy wood, and I will give thee of mine when I become a tree.«* Sogar vor dem Pflücken von Blüten und Früchten fragte man um

Erlaubnis, damit Holda nicht aus Ärger die Heilkraft verweigere. Frauen mit Kinderwunsch küssten einen Holunderstrauch. Schwangere küssten ihn ebenfalls, um dem Ungeborenen Glück zu verschaffen. Nachgeburten von Mensch und Tier wurden unter der Pflanze vergraben. Ein französisches Andachtsbuch aus dem 13. Jahrhundert berichtet vom Brauch der Frauen, ihre Kinder und Geschenke zum Holunder zu bringen. Sie machten durch ihre Huldigung und Opfergaben die Muttergöttin quasi zur Patin der Neugeborenen. Zum gleichen Zweck schüttete man das Badewasser von Säuglingen unter den Holunder. Eine Wiege aus Holunderholz galt in manchen Gegenden als Schutz für das Baby. Die christliche Mythologie erzählt, die Wiege Jesu habe aus Holunderholz bestanden. In anderen Regionen fürchtete man, der im Holunder wohnende Pflanzengeist könne im Haus spuken und den Menschen Schaden zufügen. Daher mied man das Holz als Werkstoff für Möbel und schlug die Kinder nicht mit Holunderzweigen, da sie sonst zu wachsen aufhören würden. Die Ansicht, Hexenbesen müssten aus Holunderholz gefertigt sein, erinnert an den Mythos der wilden Jagd der Holda.

In der Walpurgisnacht geschnittene Holunderbüschel hängen vielerorts über den Türen zur Abwehr von Unheil für Menschen und Tiere – je nach Region innerhalb oder außerhalb der Mauern. Amulette und Türriegel bestanden zum Schutz vor Hexen häufig aus Holunderholz. Wer am Gründonnerstag genau um Mitternacht einen Holunderzweig abschneidet und aushöhlt, sollte am Karfreitag bei der Messe durch den hohlen Zweig hindurchsehen, um Hexen erkennen zu können. Jene, die den Termin versäumt haben, streichen sich Holundersaft um die Augen, um Hexen enttarnen zu können. Holunderzweige, in die Felder gesteckt, sollten Missernten verhindern.

Zu jedem gepflegten Bauernhof gehört noch heute ein eigener Holunderstrauch. Als besonders heilkräftig und schützend gelten Pflanzen, die spontan in der Nähe des Hauses aufgehen. Verdorrte der Holunder einer Sippe, galt dies als Zeichen für den bevorstehenden Tod eines Familienmitglieds, wohl als Strafe für mangelnde gärtnerische Aktivitäten. Bei faulen Spinnerinnen ist Holda weniger streng. Ihnen verwirrt die Göttin nur das Haar. Wuschelkopffrisuren und Rastalocken hätten unsere Vorfahren als »Hollerkopf« und »Hollezopf« bezeichnet. Wer um Schutz bittet, vergräbt Haare, Zähne oder Nägel im Schatten des Strauches. Bei abnehmendem Mond band man ein Stück Faden um einen Ast und erklärte der Pflanze: »Grüßgott, Holunder, ich bring' dir mein Fieber, ich bind' es dir an und geh' fort in Gott's Nam.« Gegen Zahnschmerzen rieb man ein Stück Borke am Zahnfleisch, bis es blutete, und steckte das Stück danach an die Stelle zurück, von der man es genommen hatte. Kranke versuchte man zu kurieren, indem man deren Verbandslappen oder Kleidungsstücke an den Strauch hängte. Auch die Hemdchen verhexter Kinder hängte man an die Zweige. Zur Heilung von Rheumatismus trug man ein Stück der Pflanze auf der Haut, idealerweise einen Zweig, in den man drei Knoten gemacht hatte. Auch das Peitschen mit Holunderzweigen fällt in die Tradition, Krankheiten auf Pflanzen zu übertragen. Zahlreiche Beschwörungsformeln zum Abstreifen von Krankheiten auf den Holunder sind überliefert: »Holunder, ich hab' die Gicht und du hast sie nicht. Nimm sie mir ab, dass ich sie nicht hab'.« Allerdings war bei der Methode Achtsamkeit geboten, da der Strauch Krankheiten an Gesunde abgeben konnte. Vorsichtige mieden daher den Kontakt mit Holunderholz.

Unter einem Holunderbusch sollte man vor Mückenstichen und Schlangenbissen sicher sein, jedoch keinesfalls schlafen. Die Pflanze gilt nämlich als Übergang zwischen Diesseits und Jenseits – und zwar in beide Richtungen. Im günstigsten Fall bedeutete dies die Störung des Schlafes durch ein stetes Kommen und Gehen von Wesen aus der Anderswelt. Das Verbrennen von Blättern, Rinde und Holz soll das Überschreiten von Schwellen erleichtern, sei es die Kontaktaufnahme mit den Ahnen, pubertäre Übergangsrituale oder der Tod. Allerdings war in vielen Regionen – auch Großbritanniens und Frankreichs – vor allem bei Roma das Fällen oder Verbrennen eines Holunders mit einem Tabu belegt, von dem nur Witwen und Waisen ausgenommen waren, da sie ohnedies schon vom Tod berührt worden waren. In manchen Gegenden heißt es, alleine die Berührung des Holzes verursache den Tod. Ignoriert wurde diese Ansicht von zahlreichen Schreinern, die Holunderstöcke zum Maßnehmen für Särge benutzten. Die Fahrer von Leichenwägen trieben ihre Pferde mit Holunderzweigen an. In England trugen Totengräber ein Stück Holunderholz bei sich zum Schutz gegen fragwürdige Geister.

Holunder ist ein Überlebenskünstler, der mit sehr wenig Erde auskommt und, sogar nachdem er gefällt wurde, rasch wieder neue Triebe hervorbringt. Diese Eigenschaften prädestinierten ihn als Pflanze für Begräbnisrituale. Bereits in Urzeiten sollen germanische Völker ihre Toten unter Holunder begraben haben. Blütenfunde in neolithischen und bronzezeitlichen Hügelgräbern weisen auf eine Bedeutung des Holunders in Totenkulten hin. Mancherorts wurden Holunderzweige in den Sarg gelegt, um die Verstorbenen vor bösen Geistern zu schützen. Später benutzte man auch Kreuze aus Holunder, da Jesus auf ein Kreuz aus Holunder genagelt worden sein soll. Die Tiroler tragen beim Begräbnis dem Sarg ein Kreuz aus Holunder voran, »Lebelang« genannt. Treibt ein Holunderzweig oder der Lebelang, den man in einen

Grabhügel gesteckt hat, aus, soll der Tote friedlich ins Ahnenreich eingegangen sein. Blüht er gar auf dem Grab, geht es dem Toten im Jenseits hervorragend.

Die Symbolik und Traumdeutung weisen dem Holunder die Aussicht auf Heilung zu. Blühender Holunder verheißt Liebesglück. Isst man im arabischen Raum im Traum Holunder, verfestigt sich das Liebesglück.

Die christliche Mythologie ersetzt die Muttergöttinnen durch Maria. Sie soll Jesu Windeln an einem Holunder aufgehängt haben, unter dem sie auf der Flucht Schutz vor einem Unwetter gesucht hatte. Dies soll der Grund sein, warum der Blitz nie in einen Holunder einschlägt. Judas soll sich aus Reue über seinen Verrat am Holunder erhängt haben. In manchen Erzählversionen bleibt Judas beim Abstieg in die Unterwelt mit einem Ohr an einem Holunderast hängen. Der an absterbenden Stämmen wachsende Holunderschwamm (*Auricularia sambucina, A. auricula-judae* oder *Hirneola auricula-judae*) wird häufig als Judasohr bezeichnet. Der mild schmeckende Pilz wird als Mu-Err vermarktet und war früher als *Fungus sambuci* offizinell. In der chinesischen Medizin dient er heute noch zur Behandlung von Entzündungen und Arteriosklerose sowie zur Senkung der Blutfette und des Cholesterinspiegels.

SHAKESPEARE UND DIE NETTEN ALTEN DAMEN

Für Shakespeare war Holunder ein stinkendes Symbol der Trauer. Kein Wunder: Ein in England verbreiteter Volksglaube besagt, Holunder wachse nur an Stellen, an denen Blut vergossen worden war. Der Gedanke ist nicht so abwegig, wie er zunächst klingen mag: Holunder bevorzugt stickstoffreichen Boden und Feuchtigkeit. In Monty Pythons »Ritter der Kokosnuss« beweist John Cleese als Wachsoldat seine Kenntnis der englischen Klassiker, wenn er König Artus mit den Worten beschimpft: »Deine Mutter war ein Hamster und dein Vater roch nach Holunderbeeren.«

Vollkommen unbeliebt kann der Holunder jedoch nicht gewesen sein. Bis zum Ende des 19. Jahrhunderts verkauften Straßenhändler in London heißen Holunderfruchtwein.

Eduard Mörike fügte dem Volkslied »Ade zur guten Nacht« eine recht anzügliche Strophe hinzu, mit einem in Liebesliedern häufig anzutreffenden sprudelnden Brünnlein als Metapher für heftige erotische Beziehungen und mit einem »Holderstrauch«, der in der Volksüberlieferung mit dem Verlust der Jungfräulichkeit assoziiert ist. Ein Schatzkästchen an Sexualsymbolik bietet Heinrich von Kleists Szene im »Käthchen von Heilbronn«, in der Graf vom Strahl (allein der Name spricht Bände) die Titelheldin unter einem Holunderbusch aufsucht. Käthchen hatte zuvor einen Fluss (Lebensabschnitt) überquert und ihre Kleidung auf den Ästen aufgehängt. In der Szene ist auch von leichten Hemdchen und roter Bettdecke (Verlust der Jungfräulichkeit) die Rede. Im weit verbreiteten russischen Volkslied »Blühender Holunder« verliert ein Mädchen beim Holunderbusch nicht nur sein Herz.

In der Ballade »Der getreue Eckart« bearbeitet Johann Wolfgang von Goethe die Sage »Frau Holle und der getreue Eckart«. Im Gegensatz zur Vorlage, in der Eckart der wilden Horde voranschreitet, um die Menschen zu warnen, verleiht der Dichter der Handlung mehr Spannung, indem er seinen Titelhelden erst später auftreten lässt. Zwei Kinder tragen spätabends Bier nach Hause. Sie treffen auf die unholdigen Schwestern und machen sich Sorgen, weil diese ihnen das Bier wegtrinken. Kehren sie mit leeren Krügen heim, müssten sie von den Eltern Schläge erwarten. Erst jetzt tritt der Held der Geschichte als freundlicher alter Mann auf. Er tröstet die Kinder, die ängstlich mit leeren Krügen weitergehen. Tatsächlich revanchierten sich die Hulden. Die vermeintlich leeren Krüge füllten sich immer wieder von selbst.

Hans Christian Andersen gelingt es in seinem Märchen »Holundermutter«, die vielfältigen Aspekte archaischer Naturreligionen in einem einzigen Satz auszudrücken, wenn er das aus der Teekanne des kranken Buben steigende Wesen sich folgendermaßen vorstellen lässt: »Einige nennen mich Mutter Holunder, andere nennen mich Dryade, aber eigentlich heiße ich Erinnerung.«

In Richard Wagners »Tannhäuser« kommt für einen Hirten der Frühling als Frau Holda aus dem Berg hervor. Der Venusberg, in den sich der Held zurückzieht, wird als der Große Hörselberg interpretiert, der Sage nach Wohnort der Holda. Im »Rheingold« bezeichnen die Riesen die Göttin der Liebe als »Freia, die holde, Holda, die freie«. Im »Ring des Nibelungen« verschmelzen Hel und Holla zu Hella, deren Reich Siegmund den Vorzug vor Walhall gibt. In der »Götterdämmerung« fragt Brünhilde Siegfried, ob er von Hellas nächtlichem Heer komme.

In Elton Johns Lied »Elderberry Wine« weint ein von seiner Frau verlassener Mann weniger ihr selbst nach, als dem von ihm so geliebten Holunderwein, den sie herstellte. Er hatte Glück, dass seine Frau ein anderes Rezept verwendete als die netten alten Damen in »Arsen und Spitzenhäubchen«, zu dessen Zutaten Arsen, Strychnin und eine Prise Zyankali zählten. Die Holunderfrüchte pflückten die Damen passenderweise auf dem Friedhof. Und Harry-Potter-Fans kennen den Zauberstab aus Holunder als eines der drei Heiligtümer des Todes.

Positiv besetzt ist hingegen blühender Holunder. Volksweisheiten verbinden die Blüte mit großem Liebesglück. Übertreiben sollte man es jedoch nicht. Allzu großes Liebesglück zeigten Holunderzweige zu Pfingsten vor den Fenstern unkeuscher Mädchen an. Wollte ein Mädchen wissen, aus welcher Richtung ihr künftiger Ehemann kommen würde, schüttelte sie einen Holunder am St. Thomastag am 3. Juli. Bellte daraufhin ein Hund aus irgendeiner Richtung, war dies die Antwort auf ihre Frage. Damit das Liebesglück nicht auf Abwege gerät, sollte man Holunder bei sich tragen, um sich nicht zum Ehebruch verleiten zu lassen. Sollte die Liebe einmal abkühlen, kann man sich den Partner immer noch schön trinken gemäß der Bauernregel:

> »Wie der Holunder blüht
> Rebe auch und Lieb' erglüht.
> Blühen beid' im Vollmondschein,
> gibt's viel Glück und guten Wein.«

DER GENÜGSAME SENIOR

Holunder gehört zur Familie der Moschuskrautgewächse und kann bis zu 100 Jahre alt werden. Er ist in Europa, Nordafrika sowie Asien heimisch und wächst wegen seiner flachen Wurzeln bevorzugt auf nicht zu trockenen, stickstoffreichen, sandigen bis mittelschweren, schwach sauren Lehmböden. Er verträgt Halbschatten, bevorzugt jedoch sonnige Standorte.

Der Gattungsname *Sambucus* wird auf das griechische *sambyx*, rot, oder *symbyke*, ein harfenartiges Instrument aus Holunderholz, zurückgeführt. Althochdeutsch *holundra* setzt sich zusammen aus *hol,* hohl, und dem germanischen Baumnamensuffix *ðra,* später *ter*. Die zahlreichen volkstümlichen Namen weisen teilweise auf Assoziationen mit dem Jenseits, den Standort, kulinarische Aspekte und die medizinischen Wirkungen der Pflanze hin: Achenstaude, Bacholder (Standort), Backholder, Betscheler, Eller, Ellhorn (Elb = Elfe), Flieder (niederdeutsch), Fliederbeerbaum, Hels Strauch, Holder, Holer, Holler, Huler, Keilkebeer (Keilke = Kolik), Marterblumen, Pisseke (= harntreibend), Reckholder, Schiebekenstrauch, Schiwickn, Schotschen, Schwitztee, Vanille der Armen, Zickenblüten und Zwebst.

Die englische Bezeichnung Elder soll aus dem angelsächsischen *aeld* für Feuer hervorgegangen sein, da Mark und Stängel zum Anfachen von Feuer dienten. Auch die Assoziation mit den Ahnen (elder = älter, Senior) ist gegeben. In Frankreich heißt der Holunder *arbre des fées*, der Feenbaum.

Schwarzer Holunder, *S. nigra*, erreicht etwa 7 Meter Höhe. Die helle, später graubraune Rinde ist rissig mit warzenartigen Punkten. Das weiße Mark ist weich und schaumig. Die vor den Blüten erscheinenden gegenständigen Blätter mit feingesägtem Rand bestehen meist aus 5 oder 7 elliptischen Teilblättern. Sie duften beim Zerreiben zart nach Holunderblüten. Im Mai bis Juli stehen weiße Blüten mit 5 Kelchblättern, 5 miteinander verwachsenen Kronblättern, 5 Staubblättern mit gelben Staubbeuteln und 3 verwachsenen Fruchtblättern in flachen Schirmrispen. Ab August reifen die schwarzvioletten Steinfrüchte mit dunklem Fruchtfleisch und 3 Samen.

Kanadischer Holunder, *S. nigra, subsp. canadensis,* ist in Nordamerika heimisch. Die Sorte Maxima bildet bis zu 40 cm große Schirmrispen aus. Blauer Holunder, *S. nigra, subsp. cerulea*, ist im Westen Nordamerikas heimisch und trägt blaue, mit einer Wachsschicht überzogene Früchte. Der Holunder der kanarischen Inseln *S. nigra, subsp. palmensis* ist vom Aussterben bedroht.

Beliebt sind Züchtungen wie Black Beauty mit rotschwarzem Laub und violetten Blüten oder Lacinata mit geschlitzten Blättern, Sampo trägt reichlich kräftig aromatische Früchte. Im professionellen Anbau ist vor allem die Sorte Haschberg wegen ihrer großen Früchte verbreitet, der Gehalt an wertvollen Inhaltsstoffen ist allerdings geringer. Auch die Tendenz, Sorten mit höherem Zuckergehalt und geringerem Tanningehalt zu züchten, verringert den gesundheitlichen Wert.

Roter Holunder, *S. racemosa,* auch Trauben-, Hirschoder Bergholunder genannt, wird bis etwa 4 Meter hoch. Das Mark ist bräunlich. Die gegenständigen Blätter sind breit lanzettlich. Die 5-zähligen, grünlich-gelben Blüten mit gelben Staubblättern stehen in rundlichen bis kegelförmigen Rispen und erscheinen ab April gleichzeitig mit den Blättern, die im Austrieb rötlich bis bronzefarben sind. Die kugeligen Steinfrüchte reifen ab Juli. Sie sind leuchtend rot mit 3–5 Samen.

Zahlreiche Unterarten sind im russischen, fernöstlichen und asiatischen Raum verbreitet. Der stinkende Holunder, *S. racemosa, subsp. pubescens,* ist in den USA beheimatet. Roter Holunder in Kreuzung mit Javanischem Holunder, *S. javanica*, enthält die höchsten Konzentrationen an medizinisch hochwirksamen Anthocyaninen.

Attich, *S. ebulus*, auch Zwergholunder genannt, diente ehemals weit häufiger zu medizinischen Zwecken als der Schwarze Holunder. Der bis 2 Meter hohe Strauch riecht unangenehm. Er trägt unpaarig gefiederte Blätter mit länglichen zugespitzten Teilblättern mit unregelmäßig gezähntem Rand. Die Blüten stehen in leicht gewölbten Schirmrispen. Sie sind gelblich-weiß, seltener rosa, mit 5 breiten Zipfeln und dunkelroten Staubblättern. Die Früchte sind schwarz.

DER ARZNEISCHRANK DES HIPPOKRATES BEWÄHRT SICH IM MODERNEN LABOR

Bereits im Schrifttum der Antike verweisen Ärzte auf die Bedeutung des Holunders als weit verbreitete Heilpflanze. Hippokrates bezeichnete den Holunder gar als »Arzneischrank der Bauern«. Sämtliche Teile der Pflanze weisen pharmakologische Wirkungen auf. Verwendet werden heute vor allem die Blüten und Früchte. Hauptanwendungsgebiete blieben bis in die Gegenwart Atemwegserkrankungen, Ödeme, Verdauungsprobleme, Entzündungen aller Art einschließlich Arthrose und Arteriosklerose, Infektionskrankheiten, Nervenerkrankungen sowie sogenannte Frauenleiden wie Unterleibsbeschwerden und Harnwegsinfekte.

Die harntreibenden und den Stoffwechsel anregenden Eigenschaften, die unter anderem auf Vitaminen der B-Gruppe und Kalium beruhen, lindern Beschwerden bei Rheuma und Gicht. Vitamin C und Flavonoide, die sich hauptsächlich in den Schalen reifer Früchte finden, binden freie Radikale. Dadurch schützen sie Zellen vor vorzeitiger Alterung und Schäden an der DNA. Die enthaltenen Gerbstoffe wirken antioxidativ, antimikrobiell und antiviral. Die abgestorbenen Mikroorganismen beseitigt Holunder gleich selbst durch die Anregung der Bildung von Fresszellen.

Neuere Studien belegen Wirkungen auch in weiteren Anwendungsbereichen. Terpene sind Gegenstand der Forschung bei der Behandlung von Krebs und Muskelschwund. Oleanolsäure wird bei Lebererkrankungen, Hyperlipidämie und in Cremes zum Schutz vor Hautkrebs eingesetzt. Geschwüre der Haut und Schleimhäute werden durch Flavanolglykoside bekämpft. Polyphenole verstärkten im Tierversuch die Aufnahme von Glucose und verringerten die Akkumulation von Fett, ein Effekt, der nicht nur für die Behandlung von Diabetes interessant ist.

Durch die Förderung der Östrogenproduktion kann Holunder zur Linderung von Schmerzen beim Eisprung, Schlafstörungen sowie Trockenheit von Haut und Scheide beitragen. Enzymhemmende Inhaltsstoffe des Holunders dienen der Behandlung von Morbus Alzheimer. Sie schützen die Haut vor Überpigmentierung und Lebensmittel vor Verderb.

Eine 2005 entdeckte Gruppe sekundärer Pflanzeninhaltsstoffe verhindert die Anhaftung von Helicobacter pylori an der Magenschleimhaut. Auf diese Weise könnten sie Magengeschwüre verhindern.

Sambucin und Sambucyanin hemmen das Wachstum von Tumorzellen. Extrakte wirken gegen antibiotikaresistente Staphylokokken. Lektine, die der Pflanze als Schutzstoff gegen Viren und Fraßfeinde dienen, werden in der gezielten Krebstherapie ebenso eingesetzt wie als Biosensoren für Tumormarker und zur Vorhersage der Wahrscheinlichkeit des Wiederauftretens unterschiedlicher Krebsarten. Sie eignen sich auch zur Schädlingsbekämpfung.

Gene zur Erzeugung von Holunderagglutinien werden in Pflanzen eingebaut, um deren Widerstandskraft gegen Insektenfraß zu erhöhen. Extrakte verhinderten in Zellkulturen die Replikation von Viren und das Eindringen von HI-Viren in die Zellen.

Unreife Früchte, Samen, Blätter, Rinde und Wurzeln enthalten größere Mengen an Sambunigrin und Prunasin. Diese kraftvollen Wirkstoffe setzen Blausäure frei, die in kleinen Dosen zu Heilzwecken dient, bei Überdosierung zu Magenbeschwerden, Erbrechen und Durchfall führen kann. Abkochen und Vergären inaktiviert die Substanz. Samen des roten Holunders sollte man dennoch keinesfalls verwenden.

DIE HAUSAPOTHEKE

Zur Anwendung kommen Blüten, sehr junge Blätter, die innere Rinde junger Äste und Wurzeln sowie die reifen Beeren, frisch verwendet oder bei maximal 40 °C getrocknet. Als besonders heil- und zauberkräftig gelten zur Sommersonnenwende – im Christentum zu Johannis – gepflückte Blüten.

Holunderblütentee

Zur Entspannung, bei Fieber und Erkältungen, Ödemen, Gicht und Rheuma, innerlich und äußerlich auch bei Ekzemen, Akne und unangenehmem Körpergeruch.

Übergieße 2 g getrocknete Blüten mit 250 ml kochendem Wasser, filtere nach 7–10 Minuten. Pro Tag 1–2 Tassen. Nach 3 Wochen 1 Woche Pause.

Stillende Frauen, deren Babys unter Koliken leiden, trinken einige Tage hindurch jeweils ½ Tasse. Räucherungen mit Blüten dienen der Behandlung von Atemwegserkrankungen.

Als Blutreinigungskur trinkt man 2 bis 3 Wochen lang täglich 250 ml Holunderblütentee oder 100 ml Holunderfruchtsaft. Auch zur Stärkung des Immunsystems und zur Verhinderung vorzeitigen Alterns, bei Erkältungen, Blasen- und Nervenleiden sowie vorbeugend gegen Herz-Kreislauf-Erkrankungen und Krebs sind Holunderkuren beliebt.

In Milch gekochte Blätter legt man als Pflaster auf Brandwunden und Hämorrhoiden.

Wurzel, Blätter, Rinde und rohe Früchte wirken als Abführmittel sowie zur Anregung des Harnflusses und zur Vorbeugung gegen Harnsteine, äußerlich bei Wunden und Entzündungen. Die Tagesdosis sollte 2 g Frischgewicht nicht überschreiten. Interessant ist eine in Europa, Rumänien, Russland, Sibirien und in den USA bei indigenen Einwohnern ebenso wie bei den Nachfahren der Siedler verbreitete Ansicht, abwärts von einem jungen Zweig geschabte Rinde wirke abführend, aufwärts abgeschabte Rinde rufe Erbrechen hervor. Wegen der stark wirkenden Inhaltsstoffe sollten Unerfahrene auf Fertigpräparate zurückgreifen und sich an die Dosierungsanweisungen des Herstellers halten.

Das Öl der Samen diente als starkes Brech- und Abführmittel, auch der Behandlung der sogenannten hypochondrischen Melancholie. Es sollte nicht zur Selbstbehandlung eingesetzt werden.

Die Homöopathie wendet Holunder bei Asthma, Schnupfen, starkem Nachtschweiß, Rheumatismus von Muskeln und Gelenken sowie Malaria an.

Die traditionelle chinesische Medizin setzt den Holunder gegen Wind- und Schleimhitze der Lunge ein. Zur Vorbeugung gegen Pollenallergien trinkt man laut TCM vor Beginn der Pollensaison mehrere Wochen hindurch täglich 3 Tassen Holunderblütentee.

Erkältungsbad

50 g getrocknete Holunderblüten • 50 g getrocknete Schafgarbe • 50 g getrockneter Wasserdost • 200 g Bittersalz

Überbrühe die Kräuter mit kochendem Wasser und lasse sie zugedeckt 10 Minuten ziehen. Mische die gefilterte Flüssigkeit und das Bittersalz in das Badewasser.

Holunderblütencreme

Bei rauen Lippen, Händen und kleinen Schürfwunden.

Frische Blüten von 5 Holunderschirmrispen • 125 ml Sesamöl • 25 g Bienenwachs

Erwärme die Blüten im Öl, bis kleine Blasen aufsteigen. Lasse die Mischung über Nacht abkühlen und erwärme sie anderntags nochmals, bevor du sie wieder über Nacht ziehen lässt. Filtere das Öl durch ein feines Tuch und lasse darin das Wachs bei milder Hitze schmelzen. Fülle die Creme in kleine Gläschen mit Schraubverschluss. Kühl und dunkel gelagert hält die Creme etwa 1 Jahr.

Holundersalbe nach Dioskorides

Bei Katarrhen der Stirn- und Kieferhöhlen sowie der Bronchien, Halsschmerzen, Schwellungen, Entzündungen von Krampfadern und Gelenken.

3 EL getrocknete Holunderblüten • 3–4 junge Holunderzweige • 125 ml kaltgepresstes Olivenöl • 15 g Bienenwachs • 1 EL Fichtenharz (einfach im Wald nach verletzten Stämmen suchen)

Lasse die Blüten im Öl an einem dunklen Ort 4 Wochen ziehen. Filtere das Öl. Schabe von den frisch geschnittenen Zweigen die braune Außenschicht. Schäle die darunterliegende grüne Schicht in feinen Streifen ab und lasse sie mit dem Öl, Wachs und Harz in einem feuerfesten Glasgefäß im Wasserbad etwa 50 Minuten bei milder Hitze ziehen. Rühre gelegentlich mit einem geschälten Zweig um. Lasse die Mischung 12 Stunden abkühlen. Erwärme sie nochmals und filtere sie durch ein feines Tuch, bevor du die Salbe in kleine Gläser abfüllst und dicht verschließt.

Streiche die Salbe dünn auf ein Wattepad und lege sie auf. Sollte sich die Haut stark röten, lasse das Fichtenharz weg. Kühl und lichtgeschützt gelagert hält die Salbe etwa 1 Jahr.

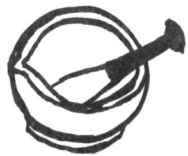

SCHMACKHAFTE MEDIZIN

Holunderoxymel gegen Infektionen und als Jungbrunnen

100 g gemahlene getrocknete Holunderfrüchte • 3 EL getrocknete Holunderblüten • 2 TL gemahlene, getrocknete Echinaceawurzeln • 2 EL getrocknete Spitzwegerichblätter • 1 EL Kurkuma • 1 TL gemahlener Zimt • 1 Prise gemahlene Gewürznelken • 250 ml Apfelessig • 500 g Honig

Lasse Früchte, Blüten und Gewürze 3 Wochen im Essig ziehen. Filtere die Flüssigkeit ab, rühre den Honig ein und fülle in Flaschen ab.

Man nehme 1 TL täglich an 5 Tagen pro Woche zur Vorbeugung im Herbst und Winter und 1 TL alle 2–3 Stunden im Krankheitsfall. Erfrischend als Getränk mit Mineralwasser. Als Lotion bei Hauterkrankungen.

Elixier aus Holunder, Hagebutte und Ringelblume zur Stärkung

50 g getrocknete Holunderfrüchte • 30 g getrocknete Hagebutten • 10 g getrocknete Ringelblumenblüten • 300 g Honig • 300 ml Weinbrand

Lasse die Zutaten in einem verschlossenen Gefäß unter täglichem Schütteln 4–6 Wochen kühl und dunkel stehen. Fülle hernach die Flüssigkeit in saubere Flaschen. Nimm 2–3 EL 2–3 Mal täglich.

DUFTENDE KOSMETIK

Bereits zur Zeit der Pharaonen dienten Holunderblüten zur Behandlung von Falten, Sommersprossen und Altersflecken, sogar von Masern, Windpocken und Pestbeulen.

Holunder-Gesichtsreinigungsmaske

2 EL getrocknete Holunderblüten • 100 ml Joghurt • 50 g frische Salatgurke • 1 kleine Karotte • einige Tropfen Mandelöl

Schäle das Gemüse und rasple es sehr fein. Drücke den Saft der Gurke aus und trinke ihn. Verrühre alle Zutaten und lasse sie über Nacht im Kühlschrank durchziehen. Trage die Maske anderntags auf, lasse sie möglichst lange einwirken und spüle sie danach mit warmem Wasser ab.

Holunderpflegeöl mit Kamille und Malve für empfindliche Haut

1 TL getrocknete Holunderblüten • 1 TL getrocknete Kamillenblüten • 1 TL gemahlene getrocknete Malvenwurzel • etwa 60 ml Avocadoöl

Fülle die Blüten und die gemahlene Malvenwurzel in ein weithalsiges Gefäß, bedecke sie mit dem Öl, verschließe das Gefäß und stelle es für 4 Wochen an einen dunklen Ort. Filtere die Blüten ab und fülle das Öl in eine Flasche, die du kühl lagerst. Trage abends einige Tropfen auf die gereinigte Haut auf. Auch gegen Windeldermatitis.

HOLUNDER IM HAUSHALT

Zum Färben von Haaren, Stoff, Wolle und Leder dient der Holunder seit prähistorischen Zeiten. Die Blätter ergeben Gelb und Grün, die Rinde ein tiefes Schwarz, die Früchte rote oder blaue und violette Farbtöne.

Tinte blauschwarz

12 EL frische Holunderfrüchte • 8 g Alaun •
8 g Gummi arabicum • 2 Gewürznelken
Zerdrücke die Früchte und lasse sie eine Woche lang gut zugedeckt stehen. Koche sie mit dem Saft ohne Deckel, bis die Flüssigkeit auf die Hälfte reduziert ist. Nimm den Topf vom Feuer und rühre Alaunpulver und Gummi arabicum ein. Seihe die Mischung ab und füge die Gewürznelken hinzu, um die Tinte haltbar zu machen.

Natürliche Schädlingsbekämpfung

Ein Ansatz aus 1 kg getrockneten Holunderblättern in 10 l Wasser bleibt über Nacht stehen, bevor er gegen Mehltau und Blattläuse aufgesprüht wird. Auf die Haut aufgetragen dient die Flüssigkeit der Insektenabwehr.

HEILSAMER GENUSS SEIT PRÄHISTORISCHEN ZEITEN

Seit Jahrtausenden kommt der Holunder in unterschiedlichster Form kulinarisch zum Einsatz. Blüten, zwischen Äpfel geschlichtet, dienen der Aromatisierung und Verlängerung der Haltbarkeit. Blüten, in Teig gerührt, machen ihn flaumiger. Ein Säckchen mit frischen Blüten hängte man in Fässer mit Wein oder Bier und quetschte es eine Woche lang täglich, um dem Getränk ein feines Muskatelleraroma zu verleihen. Die Blüten waren auch Bestandteil von Kunstweinen, sogenannten Façonweinen. Samosfaçon bereitete man aus getrockneten Holunderblüten sowie Sprit (Alkohol), Zucker, Weinsäure und Couleur, für einen Muskatfaçon benötigt man zusätzlich Koriander. Die Früchte setzte man dem Wein zu, um Farbe, Tanningehalt und Aroma zu korrigieren. Bis heute aromatisiert und färbt Holunder diverse Lebensmittel, bei Wein gelten solche Zusätze als Verfälschung. Als im 18. Jahrhundert in Portugal der Zusatz von Holundersaft verboten wurde, klagten viele Weintrinker, dass ihr Rheuma und die Arthritis wieder schmerzten.

Das Aroma der Blüten harmoniert besonders mit Erd-, Him-, Brom- und Maulbeeren, Rhabarber, Spargel, Muscheln, Fisch, Geflügel und hellem Fleisch, Süßkartoffeln sowie Gin, Zitrone, Orange und Ingwer. Die Sorte Black Beauty trägt violette Blüten, die dekorative rosafarbene Töne ergeben.

Die Früchte lassen sich hervorragend mit dunklem Fleisch und Wild, Käse, Bier sowie Schokolade kombinieren.

VERARBEITUNG & REZEPTE

Schüttle die geernteten Rispen, um Insekten zu entfernen. Blüten und Früchte lösen sich leichter von den Stängeln, wenn die Rispen über Nacht im Kühlschrank gelagert wurden. Manche nehmen Gabeln zum Rebeln, andere die Finger. Reife Früchte trennen sich von unreifen sowie von Stängeln und Blättern in einem Becken voll Wasser – reife Beeren sinken, der Rest schwimmt auf und lässt sich mit einer Siebkelle abschöpfen.

REZEPTE MIT BLÄTTERN

Englischer Bambus (Mock Bamboo)

Im Frühling finden sich in der Mitte der Holunderbüsche große grüne Sprösslinge. Schneide die zartesten ab und befreie sie von der äußersten Schicht. Fein als Salat oder zu Vorspeisen.

1 kg Holundersprösslinge • Salz • 250 ml Wasser •
200 ml Essig • weißer Pfeffer • Ingwer • Muskatblüte
Lasse die Sprösslinge über Nacht in Salzwasser ziehen. Koche am nächsten Tag Wasser, Essig, Pfeffer, Ingwer und Muskatblüte 10 Minuten.

Hebe die Sprösslinge aus dem Salzwasser, trockne sie gut ab und schneide sie in Stücke. Schlichte die Stücke in ein feuerfestes Gefäß und übergieße sie mit dem heißen Essigwasser. Stelle das Gefäß 2 Stunden in den heißen Backofen oder lasse es im Wasserbad ziehen. Die erkaltete Mischung sollte grün sein.

Die jungen Sprösslinge kannst du auch in Salzwasser bissfest kochen und mit ein wenig gutem Öl beträufelt als Gemüse reichen.

Tabernaemontanus verordnete im 16. Jahrhundert Holundersprösslinge und Spinat mit Fleischbrühe gegen Verstopfung.

Eingelegte Holunderblattknospen

John Evelyn empfiehlt sie 1664 als Beigabe zu Salaten und berichtet von deren Beliebtheit anstelle von Kapern, vor allem zu gekochtem Lammfleisch.

3 Tassen sehr junge Holunderblattknospen • 2 Tassen Apfelessig • 1 Tasse Wasser • ½ Tasse Zucker • 1 Knoblauchzehe • 1 TL Salz • 1 TL weiße Pfefferkörner • 1 TL Senfsamen

Koche alle Zutaten mit Ausnahme der Knospen 30 Minuten. Füge die Knospen hinzu und koche weitere 5 Minuten, bevor du die Mischung sehr heiß in Gläser füllst und dicht verschließt.

REZEPTE MIT BLÜTEN

Holunderblüten-»Honig«

Das Rezept aus dem Jahr 1631 war als Medizin gedacht, da Zucker zu dieser Zeit noch als Arznei und Luxusartikel der Oberschicht vorbehalten blieb. Das duftige Aroma verfeinert Desserts, Salatdressings, kräftigen Käse und Pasteten. Besonders anmutig in Kombination mit gerösteten Mandelblättchen.

Schlichte abwechselnd Holunderblüten ohne Stängel und Zucker zu etwa gleichen Teilen in ein weithalsiges Glas, das du verschlossen an der Sonne stehen lässt, bis sich der Zucker verflüssigt hat. Filtere die Blüten ab und lagere den »Honig« lichtgeschützt und kühl.

Holunderblütensirup mit Vanille und Blutorange

30 Holunderblütenschirmrispen • 1 kg Zucker •
1 Vanilleschote • 1 Blutorange • 1 Zitrone •
25 g Zitronensäure

Koche 1,5 l Wasser mit Zucker, Vanille, Zitrusfruchtscheiben und Zitronensäure 10 Minuten. Lasse den Sirup abkühlen. Schneide möglichst viel von den Stielen weg und schlichte die Blüten in weithalsige Gefäße. Gieße den Sirup darüber und lasse die Blüten 2–3 Tage zugedeckt unter gelegentlichem Schütteln ziehen. Filtriere den Sirup durch ein feines Tuch, koche ihn nochmals auf und fülle ihn in sterilisierte Flaschen.

Der Sirup lässt sich auch mit Stevia süßen. Die benötigte Menge hängt vom verwendeten Produkt ab. Um die Haltbarkeit zu gewährleisten, solltest du den fertig abgefüllten Sirup im Ofen bei 85 °C für 30 Minuten pasteurisieren. Hitzefeste Verschlüsse verwenden! Auch bei Verzicht auf Zitronensäure verringert sich die Haltbarkeit.

Holunderblütenlikör

Blüten von 20 Holunderschirmrispen • 1 Flasche
Wodka • 150–250 g Zucker

Fülle die Blüten in ein weithalsiges Gefäß und übergieße sie mit dem Wodka. Drücke die Blüten mit einem Teller in die Flüssigkeit und lasse das Gefäß verschlossen 2–3 Wochen an einem kühlen Ort stehen. Filtere die Blüten ab. Koche den Zucker in möglichst wenig Wasser auf und mische ihn nach dem Abkühlen mit dem Wodka. Der Likör dunkelt mit der Zeit nach.

Holunderblütensekt (Fliedersekt)

20 Holunderblütenschirmrispen • 650 g Blütenhonig •
1 Zitrone in Scheiben • 2 EL Weißweinessig

Schneide möglichst viele Stängel weg und verrühre Blüten und übrige Zutaten mit 4,5 l kaltem Wasser. Lasse die Mischung mit einem Tuch bedeckt 2 Tage stehen. Filtere ab und fülle die Flüssigkeit in Flaschen mit Sektverschluss. Lagere die Flaschen liegend bei 15–20 °C 2–4 Wochen lang. Drehe sie gelegentlich. Je länger die Lagerung, umso herber und alkoholhaltiger das Getränk. Kühle Lagerung bei etwa 4 °C bremst die Gärung.

Holunderblütenwein

Lasse wie in obigem Rezept Blüten, Honig und Zitrone ziehen, jedoch ohne Essig 4 Tage lang. Filtere ab, rühre hernach 1 EL getrocknete Weißweinhefe ein und vergäre die Mischung in einem Gärballon. Nach einigen Monaten ist der Wein zum Abfüllen bereit.

Holunderblütenessig mit Marille

Holunderblütenessig diente bereits in der Antike u.a. zur Behandlung von Kopfschmerz und Kater sowie unreiner Haut und Wunden.

Blüten von 20 Holunderschirmrispen • 1 l Apfelessig •
1 gehackte Schalotte • 2 getrocknete Marillen in Stückchen • 2 Lorbeerblätter • 2 gehackte Knoblauchzehen •
6 Pfefferkörner • 3 Stämmchen Thymian

Fülle alle Zutaten in ein weithalsiges Gefäß, das du verschlossen an einem kühlen Ort 6 Wochen stehen lässt, danach abfilterst und abfüllst.

Holunderblüten-Mandelmilch

Blüten von 20 Holunderschirmrispen •
100 g Mandeln • 4 entsteinte Datteln
Übergieße die Blüten mit 1 l kochendem Wasser. Füge nach dem Abkühlen die Mandeln sowie Datteln hinzu. Lasse die Mischung über Nacht stehen. Entferne die Blüten. Püriere die Flüssigkeit in einer Küchenmaschine.

Ein köstliches Getränk, das den Magen beruhigt. Das ideale Morgengetränk für Gestresste.

Holunderblüten-Smoothie

4 EL Holunderblütensirup (siehe S. 29) • 300 g Him-
oder Brom- oder Johannisbeeren • 2 EL Honig • 500 ml
Joghurt oder Sojajoghurt • 1 Prise Zimt • Minze oder
Melisse
Mixe alle Zutaten und serviere sofort, nach Wunsch mit Minze oder Melisse.

Holunderblüten-Vinaigrette

50 ml Holunderblütensirup (siehe S. 29) • 50 ml Oli-
venöl • 2 TL Weißweinessig • 2 TL Dijonsenf • Salz •
Pfeffer oder rosa Beeren
Fülle alle Zutaten in ein verschließbares Fläschchen und schüttle, bis eine cremige Sauce entsteht.

Genial in Kombination mit karamellisierten Walnüssen. Köstlich auf Salat, jungen Kartoffeln, Käse und Speck.

Erfrischende Sommerbowle mit Gurke und Rose

*50 ml Holunderblütensirup (siehe S. 29) • 50 ml Gin •
250 ml trockener Weißwein • 500 ml gute Zitronen-
limonade • 1 junge Salatgurke in dünnen Scheiben •
1–2 Tropfen Rosenöl • 4 Stämmchen Minze oder
Rosengeranie oder Zitronenmelisse zum Dekorieren*

Lasse alle Zutaten gut gekühlt 3 Stunden ziehen. Serviere auf Eis mit den Kräutern dekoriert.

Mit pürierter Gurke lässt sich aus der Mischung auch eine feine Granita herstellen. Einfach einfrieren und zwischendurch die gefrorenen Teile von den Gefäßwänden schaben.

Pikantes Holunderblütenparfait

Ersetze die Limonade und das Rosenöl aus obigem Rezept durch 4 EL Zitronensaft sowie 400 ml Frischkäse und friere die Mischung.

Eine geniale Beigabe zu Vorspeisen mit Fisch, Räuchertofu oder Prosciutto.

Salat von Spinat mit rosa Grapefruit, Granatapfel und Holunderblüte

*4 Handvoll frischer Blattspinat • 1 filetierte rosa
Grapefruit • 4 EL Granatapfelkerne • 1 Frühlingszwiebel in Röllchen • 3 EL geröstete Kokosflocken •
3 EL geröstete Pinienkerne • Holunderblüten-
Vinaigrette (siehe S. 31)*

Arrangiere Spinat, Grapefruit, Granatapfel und Frühlingszwiebel auf Tellern. Träufle die Vinaigrette darüber und bestreue kurz vor dem Servieren mit Kokos und Pinienkernen.

Blini mit Lachs und Holunderblüten

1 Becher Joghurt • 1 Ei • 1 Pkg. Trockenhefe • 1 Prise Salz • 1 Becher Buchweizenmehl • 2 EL Öl • 8 Salatblätter • 1 EL Sherryessig • 150 g Sauerrahm • 1 EL Holunderblütensirup (siehe S. 29) • 1 Prise grüner Pfeffer • 8 kleine Scheiben Lachs • 2 EL Schnittlauchblüten • 2 EL Holunderblüten

Vermische Joghurt, Ei, Hefe und Salz. Rühre das Mehl ein und lasse den Teig 1 Stunde kühl rasten. Erhitze das Öl und setze mit einem Löffel 8 kleine Häufchen hinein, die du bei milder Hitze beidseits etwa 4 Minuten brätst.

Richte die Salatblätter auf kleinen Tellern an und träufle den Essig darüber. Verrühre den Rahm mit dem Sirup, Salz sowie grünem Pfeffer. Lege je zwei Blini auf die Teller, lege den Lachs darauf und setze Tupfen vom Rahm dazu. Serviere mit den Blüten bestreut.

Holunderblütengelee mit Ziegenkäse, Rote-Rüben-Relish und Korianderknusper

6 Blatt Gelatine • 400 ml Holunderblütensirup (S. 29) • 1 Zitrone (Saft + Schale) • 150 ml Weißwein oder Apfelsaft • 500 g geschälte geriebene Rote Rüben • 2 gehackte Schalotten • 2 Wacholderbeeren • 150 ml Rotwein • 200 g Rohrzucker • Salz • Pfeffer • 280 g gekochte und geschälte mehlige Kartoffeln • 3 Eiweiß • 1 EL Koriandersamen • 2 EL geriebener Parmesan • 2 EL Öl • 100 g Ziegenfrischkäse • frische Kräuter

Weiche die Gelatine in wenig kaltem Wasser ein. Erwärme Sirup, Zitrone, Wein oder Saft und löse die Gelatine darin auf. Lasse das Gelee in einer viereckigen flachen Form erstarren, bevor du es in Würfel schneidest.

Koche die Rüben mit Schalotten, Wacholder, Rotwein, Zucker, Salz und Pfeffer weich.

Heize den Backofen auf 180 °C vor. Presse die heißen Kartoffeln, mische sie mit Eiweiß, Salz und Pfeffer und streiche die Masse möglichst dünn auf eine Backmatte, streue Koriander sowie Parmesan darüber und backe sie 5 Minuten. Schneide sie in Stücke und brate sie im Fett knusprig. Setze jeweils eine Portion Relish auf kleine Teller. Streue die Geleewürfel darüber. Stecke den Knusper in das Relish. Serviere sofort mit Ziegenkäse und mit Kräutern bestreut.

Das Gelee eignet sich auch als Glasur für Obstkuchen. Köstlich sind im Gelee versenkte Früchte.

Frittierte Holunderblüten

Aromatischer Dekor für pikante und süße Speisen. Das benutzte Öl lässt sich gefiltert zur Behandlung von Ohrinfektionen und Wunden verwenden.

2 Holunderblütenschirmrispen • 200 ml Öl
Erhitze das Öl in einer tiefen Pfanne auf 180 °C. Teile die Rispen in kleinere Abschnitte und backe sie einige Minuten goldgelb aus.

Gebackene Holunderblüten mit Chili

*16 Holunderblütenschirmrispen • 4 EL Mehl • je
1 Prise Muskatnuss • Salz • Zucker • 120 ml Sodawasser • Öl zum Frittieren • 1 fein gehackte große milde
Chilischote • 1 Stämmchen Dille*
Erhitze gut 2 Finger hoch Öl in einer tiefen Pfanne. Mische Mehl, Muskat, Salz sowie Zucker und rühre das Sodawasser langsam ein. Tauche die Blüten in den Teig und backe sie im Öl. Serviere heiß mit Chili und Dille.

Blumige Avocadocreme

2 reife Avocados • 1–2 EL Holunderblütensirup (siehe S. 29) • 2 fein gehackte Frühlingszwiebeln • 1 Limette (Saft und etwas Schale) • 1 kräftige Prise rosa Beeren • 1 Prise Salz

Püriere alle Zutaten und stelle die Creme bis zum Servieren mit Frischhaltefolie bedeckt kühl.

Geeiste Erbsensuppe mit Holunderblüten

4 EL Holunderblüten • 800 g Erbsen • 4 fein gehackte Frühlingszwiebeln • Salz • weißer Pfeffer • 2 Radieschen

Koche etwa 100 ml Wasser auf und lasse die Blüten darin 12 Stunden zugedeckt ziehen. Seihe die Blüten ab. Dämpfe die Erbsen und püriere sie mit den Frühlingszwiebeln und dem Holunderwasser. Füge bei Bedarf etwas vom Dämpfwasser hinzu. Schmecke mit Salz und Pfeffer ab. Serviere gut gekühlt mit Radieschenscheiben.

Holunderblütensuppe mit Roten Rüben und Birnen

1 Bund Suppengrün • 2 Schalotten • 1 EL Olivenöl • 200 g Rote Rüben • 2 geschälte säuerliche Birnen • 1 Lorbeerblatt • 1 Prise Salz • 1 Prise Pfeffer • 1 zarte Prise gemahlene Koriandersamen • 3–4 EL Holunderblütensirup (siehe S. 29) • 4 EL Crème fraîche • 3 Stämmchen Petersilie

Schneide Suppengrün und Schalotten in kleine Stückchen und brate sie im Olivenöl an. Gieße mit Wasser auf, füge die klein geschnittenen Roten Rüben und Birnen hinzu und koche die Suppe mit Lorbeer, Salz, Pfeffer und Koriander etwa 25 Minuten. Püriere die Suppe.

Verrühre den Sirup mit der Crème fraîche und setzte davon auf jede Portion einen Tupfer. Serviere sofort mit frischer Petersilie bestreut.

Zucchiniblüten mit Holunderblütenfüllung

8 Zucchiniblüten • Blüten von 4 Holunderschirmrispen • 1 Zucchini • 2 Frühlingszwiebeln • 1 Knoblauchzehe • 2 EL Öl • 150 g Frischkäse (vorzugsweise von Schaf oder Ziege) • Salz • Pfeffer • Basilikum

Fette eine Auflaufform mit 1 EL Öl. Heize den Backofen auf 175 °C vor. Brate fein geschnittene Zucchini, Zwiebel und Knoblauch in 1 EL Öl goldgelb. Püriere die Mischung mit dem Frischkäse im Mixer. Rühre die Holunderblüten ein, schmecke mit Salz sowie Pfeffer ab und fülle die Farce mit einem Spritzbeutel in die Blüten. Verschließe die Blüten mit einer Drehbewegung, setze sie in die Auflaufform und backe sie 5–6 Minuten.

Huhn mit Lauch und Holunderblüten

4 Hühnerbrüste • 2 EL Mehl • 1 EL Öl • 2 Stangen Lauch in Röllchen • 2 gehackte Zwiebeln • Salz • Pfeffer • 8 Holunderblütenschirmrispen • 4 Scheiben Zitrone • 2 EL Crème fraîche

Bestäube die Hühnerbrüste mit Mehl und brate sie im Öl scharf an. Füge Lauch sowie Zwiebeln hinzu, würze mit Salz und Pfeffer und lege die Blüten sowie die Zitronenscheiben darauf. Köchle bei milder Hitze mit Deckel, bis das Huhn knapp durch ist. Füge während des Kochens bei Bedarf ein wenig Wasser hinzu. Binde die Sauce mit der Crème fraîche und serviere sofort. Besonders fein ist Wildreis als Beilage.

Lammkoteletts mit Holunderblüten und Chicorée

4 EL Holunderblüten • 6 EL Olivenöl • 4 kleine Chicorée in Blättern • 4 Lammkoteletts • Salz • Pfeffer
Mische 2 EL Blüten mit 2 EL Olivenöl. Koche 150 ml Wasser mit 2 EL Blüten 2 Minuten und lasse sie hernach zugedeckt 3 Minuten ziehen, bevor du sie abfilterst. Brate die Chicoréeblätter in 2 EL Olivenöl scharf an. Nimm die Pfanne vom Feuer und püriere die Blätter mit Salz, Pfeffer und dem Blütenwasser.

Brate das Fleisch im restlichen Öl an, streue Salz sowie Pfeffer darüber und serviere sofort mit Chicoréepüree und Ölblüten.

Sambucotta

3 Blatt Gelatine • 500 ml Schlagobers • Mark von 1 Vanilleschote • 2 EL Zucker • 4 EL Holunderblütensirup (siehe S. 29) oder -likör (siehe S. 29) • Früchte nach Wahl • frische Holunderblüten
Weiche die Gelatine in wenig kaltem Wasser ein. Koche Obers, Vanille und Zucker auf. Ziehe den Topf vom Feuer und rühre Gelatine und Sirup ein. Lasse die Masse in Schälchen abkühlen und serviere mit Früchten und Blüten.

Duftende Schokoröllchen als Dekor

Fülle weithalsige Gefäße mit Röllchen von weißer Schokolade und lege nicht zu feuchte Holunderblüten dazwischen. Wechsle die Blüten mindestens 4 Mal, bis die Schokolade den Duft angenommen hat.

Holunderblütensorbet vegan

Blüten von 12 Holunderschirmrispen • Schale von
1 Orange • 300 g Stachel- oder Erdbeeren • 2 EL
Agavensirup • 1 Banane oder 100 g Datteln

Übergieße Blüten und Orangenschale mit 150 ml Wasser, lasse sie über Nacht ziehen und filtere anderntags ab. Püriere die restlichen Zutaten in der Flüssigkeit und lasse sie frieren. Rühre zwischendurch mehrfach um.

Holunderblütensoufflée mit Mandeln und Rhabarber

Blüten von 4 Holunderschirmrispen • 130 g Zucker •
30 g Butter • 4 Eier • 120 g geriebene Mandeln •
500 g Rhabarber

Fette eine Backform mit etwas Butter. Heize den Backofen auf 180 °C vor. Schlage 100 g Zucker, Butter und Eier hellgelb. Hebe die Mandeln unter und fülle die Masse in die Backform, lege den geschälten Rhabarber darüber, streue den restlichen Zucker darauf und backe die Masse etwa 35 Minuten.

Holunderblüten-Karotten-Kuchen vegan

1. Schicht: 2 Tassen Mandeln • 1 Tasse weiche Datteln
2. Schicht: 3 geriebene große Karotten • 100 g Haferflocken • Saft und etwas Schale von 2 Orangen • 1 Prise
Zimt • 1 Prise Ingwer • 2 EL Kokosöl • 2 EL Ahornsirup 3. Schicht: 1 Tasse Cashews • 6 Holunderblütenschirmrispen • 5 EL Kokosöl • 3 EL Zitronensaft und
etwas Schale • 3 EL Ahornsirup • 1 Prise Salz

Weiche die Mandeln 8 Stunden ein, siehe sie ab und püriere sie mit den Datteln. Streiche die Masse auf den Boden einer Springform. Zerkleinere die Karotten mit

Haferflocken, Orange, Zimt, Ingwer, Kokosöl sowie Ahornsirup in der Küchenmaschine und streiche die Masse auf die Mandelschicht in der Springform. Weiche die Cashews 8 Stunden ein, lege die Blüten 8 Stunden in 1 Tasse Wasser. Gieße die Blüten ab und püriere Cashews mit Blütenwasser, Kokosöl, Zitrone, Ahornsirup sowie Salz und gieße die Mischung auf den Kuchen, den du mindestens 3 Stunden im Kühlschrank fest werden lässt.

Engelskuchen mit englischer Holunderblütencreme

Kuchen: 1 TL Öl • 1 EL Zucker für die Form •
6 Eiweiß • 1 Prise Salz • 1 TL Weißweinessig • 125 g
Zucker • 45 g Weizenmehl • 15 g Speisestärke
Creme: 450 ml Milch • 1 Vanilleschote • 6 Eigelb •
120 g Zucker • 6 EL Holunderblütensirup (S. 29) •
Blüten und Früchte als Dekor

Fette eine Backform und streue sie mit Zucker aus. Heize den Ofen auf 150 °C vor. Schlage Eiweiß mit Salz und Essig halbfest. Füge den Zucker hinzu und schlage weiter zu festem Schnee. Hebe Mehl und Stärke vorsichtig unter und backe die Masse in der Form etwa 50–60 Minuten.

Für die Creme lasse die Milch mit der längs halbierten Vanilleschote aufwallen, nimm den Topf vom Herd und lasse die Schote 15 Minuten in der Milch ziehen, bevor du sie entfernst. Schlage Eigelb mit Zucker schaumig und erwärme beides mit der Milch bei milder Hitze unter stetem Rühren, bis die Masse andickt. Schlage die Creme mit dem Sirup vermischt über Eiswasser kalt.

Serviere den Kuchen mit der Creme, Blüten und Früchten. Der Kuchen sollte mit einem Sägemesser geschnitten werden.

Die englische Creme ist auch als Füllung für Torten oder als Tiramisu grandios.

Viktorianische Holunderblütencreme

4 Eier • 100 g Zucker • 200 ml Holunderblütensirup
(siehe S. 29) • 100 g Butter • Schale von 1 Limette
Schlage Eier, Zucker und Sirup im Wasserbad auf das doppelte Volumen auf. Füge Butter und Limettenschale hinzu und schlage weiter, bis die Mischung andickt. Je länger du schlägst, umso dicker wird die Creme. In dicht verschlossenen Gläschen hält sich die Creme gut gekühlt 1 Woche.

Schmeckt köstlich als Dessert, Füllung oder Aufstrich (z.B. für Scones).

Holunderblütenterrine mit Rhabarber und Erdbeeren

300 g geschälter Rhabarber in Scheiben • 4 EL Rotwein • 4 EL Wasser • 60 g Zucker • 1 Gewürznelke •
1 Zimtstange • 4 Blätter Gelatine • 120 g Topfen •
6 EL Holunderblütensirup (S. 29) • Saft + Schale von
½ Zitrone • 120 ml Schlagobers • 200 g halbierte Erdbeeren • 2 EL Holunderblüten • 2 Stämmchen Minze
Koche Wein, Wasser, Zucker, Nelke und Zimt auf. Nimm den Topf vom Herd, lasse den Rhabarber darin 15 Minuten ziehen und püriere ihn hernach. Weiche die Gelatine in wenig kaltem Wasser ein und löse sie im warmen Rhabarber auf. Verrühre den Topfen mit Sirup sowie Zitrone und mische ihn mit dem Rhabarber. Schlage das Obers steif und hebe es unter die Rhabarbermasse.

Spüle eine 500 ml Terrinenform mit kaltem Wasser und lege sie mit Frischhaltefolie aus. Fülle die Hälfte der Creme in die Form, lege die Erdbeeren darauf und fülle die restliche Creme ein. Stelle die Form mindestens 2 Stunden kalt. Serviere mit Blüten und Minze bestreut.

Die Masse eignet sich auch als Tortenfüllung und für kleine Törtchen.

Holunderblütenparfait mit Weichseln und Mohn

2 Eier • 2 Eigelb • 100 g Zucker oder Honig • 350 ml Schlagobers • Mark von 1 Vanilleschote • 1 Prise Salz • je 1 dezente Prise gemahlener Zimt und Orangenschale • 20 g Mohn • 4 EL Weichselkompott • 4 Blättchen Minze oder Zitronenmelisse

Schlage die Eier und Eigelb mit dem Zucker oder Honig im Wasserbad auf, bis die Mischung die Schneerute dick überziehen. Rühre Obers, Vanille, Salz, Zimt, Orangenschale sowie Mohn ein und schlage die Mischung über Dampf weiter, bis sie dickflüssig wird. Schlage die Masse im Eiswasserbad kalt und fülle sie hernach in Dessertschalen, die du mindestens 4 Stunden tiefkühlst. Serviere mit Weichseln und Kräutern.

Holunderblütensabayon mit Pfirsich oder Marille

4 Eigelb • 3 EL Zucker • 200 ml Holunderblütenwein (siehe S. 30) oder 150 ml Weißwein und 50 ml Holunderblütensirup (siehe S. 29) • 800 g Pfirsiche oder Marillen in Spalten

Schlage Eigelb, Zucker und Wein im Wasserbad schaumig und serviere sofort mit den Früchten. Die Creme lässt sich bis zu 5 Stunden gekühlt lagern.

Mousse von weißer Schokolade mit Holunderblüten und marinierten Erdbeeren

200 g weiße Schokolade • 3 EL Milch • 4 Eier (getrennt) • 4 EL Holunderblütensirup (siehe S. 29) • 100 ml Schlagobers • Mark von 1 Vanilleschote • 400 g Erdbeeren • 2 EL weißer Rum oder Orangenlikör • 2 EL geröstete Mandelblättchen

Schmelze die Schokolade im 45 °C warmen Wasserbad mit der Milch. Rühre die Eigelbe in die geschmolzene Schokolade und lasse die Masse abkühlen. Schlage das Eiweiß mit dem Sirup sehr steif. Schlage das Obers mit Vanillemark steif. Hebe Eischnee und Obers unter die Schokolade und kühle die Masse in Dessertschalen mindestens 4 Stunden.

Schneide die Erdbeeren in Stückchen, lasse sie im Alkohol ziehen und serviere sie mit Mandelblättchen zur Mousse.

Holunderblütenkugeln vegan

Blüten von 4 Holunderschirmrispen • 150 g Hirseflocken • 50 g Mandeln • 250 g Tofu • 1 Apfel • 2 EL Zitronensaft • 1–2 EL Birkenzucker • 1 Prise Salz
Mische alle Zutaten und lasse die Masse 1 Std. ziehen. Forme daraus Kugeln und setze sie in Konfektmanschetten.

Holunderblütenkonfekt

250 ml Schlagobers • 80 g Zucker • 1 zarte Prise Salz • 2 EL Speisestärke • 200 ml Holunderblütensirup (siehe S. 29) • 2 EL frische Holunderblüten
Koche Obers, Zucker und Salz unter stetem Rühren zu einer dickflüssigen Masse. Verrühre die Stärke mit dem Sirup und rühre sie in das Obers. Koche die Masse weiter,

bis sie gut andickt. Nimm den Topf vom Feuer und rühre die Blüten ein. Setze kleine Häufchen der lauwarmen Masse auf Backpergament oder in Konfektmanschetten.

Melone mit Holunderblütenmousse

6 Blatt Gelatine • 40 ml Holunderblütensirup (S. 29) •
200 ml Joghurt • 200 ml Schlagobers • 1 Zucker- oder
Honigmelone • Blüten zum Dekorieren

Weiche die Gelatine in etwas kaltem Wasser 5 Minuten ein. Erwärme das Gefäß bei milder Hitze, bis die Gelatine aufgelöst ist. Rühre den Sirup und die Gelatine in das Joghurt. Schlage das Obers steif und hebe es mit einigen Blüten unter die Joghurtmasse. Gieße die Mischung in kalt ausgespülte Förmchen und lasse sie im Kühlschrank 2–3 Stunden erstarren. Schäle und entkerne die Melone. Schneide sie in Spalten oder stich Bällchen aus. Stürze die Mousse auf Teller, arrangiere die Melone dazu und serviere mit Blüten.

Holunderblüteneiscreme vegan

10 EL Holunderblüten • 500 ml Kokosmilch •
3 EL Maisstärke • 100 ml Agavennektar

Lasse die Blüten in der erwärmten Kokosmilch zugedeckt 1 Stunde ziehen. Rühre nach und nach die Stärke ein, erwärme nochmals unter Rühren, bis die Mischung andickt. Nimm den Topf vom Feuer und rühre den Agavennektar ein. Lasse die Mischung unter gelegentlichem Rühren frieren.

REZEPTE MIT FRÜCHTEN

Holunderfruchtsirup

1 Tasse Holunderfrüchte • 1 kleine Zimtstange •
1 Gewürznelke • 1 TL frischer Ingwer (optional) •
1 Tasse Honig

Koche die Früchte mit den Gewürzen in 3 Tassen Wasser
30 Minuten, entferne Zimt und Nelke, passiere die Masse
und verrühre mit dem Honig.

Mit Soda oder heißem Wasser gut als Getränk, genial
auch als Würze für Salate, dunkles Fleisch und kräftigen
Käse.

Holunderfruchtlikör (Fliederbeerlikör)

200 g Holunderfrüchte • 100 g Dörrpflaumen in Stück-
chen • 200 g Zucker • 1 große Zimtstange • 1 geschlitz-
te Vanilleschote • 1 l Obstbrand

Koche die Holunderfrüchte knapp mit Wasser bedeckt
20 Minuten. Lasse die Früchte abkühlen und fülle sie mit
den übrigen Zutaten in ein weithalsiges Gefäß, das du
8 Wochen unter wöchentlichem Schütteln an einem
dunklen Platz stehen lässt. Filtere hernach durch ein
Mulltuch und fülle den Likör ab.

Holunderfruchtessig

350 g Holunderfrüchte • 1 TL Rosmarinnadeln (optio-
nal) • 500 ml Weißweinessig • 250 g Zucker

Lasse die Früchte und den Rosmarin unter gelegentlichem
Schütteln 3–5 Tage im Essig in einem verschlossenen Gefäß ziehen. Filtere die Flüssigkeit ab und koche sie mit dem
Zucker 10 Minuten, bevor du sie in Flaschen abfüllst. Er-
gibt feinstes Aroma für Salate, Vorspeisen und Eintöpfe.

Holunderfruchtchutney mit Quitten

600 g Holunderfrüchte • 400 g Quitten mit Schale ohne Kerngehäuse • 1 große Zwiebel • 2 Knoblauchzehen • 500 ml Apfelessig • 150 g brauner Rohrzucker • 1 TL Salz • 1 TL gemahlener Ingwer • 1 Stange Zimt • 1 TL Senfsamen • 1 Lorbeerblatt • 4 Pimentkörner • 1 Prise Cayenne

Schneide Quitten und Zwiebel in Stücke. Koche alle Zutaten in etwa 35 Minuten zu einer dickflüssigen Masse, die du pürierst (feste Gewürze vorher entfernen), möglichst heiß in saubere Gläser füllst und dicht verschließt. Das Chutney sollte 4 Wochen durchziehen.

Sehr fein auch mit Koriandersamen, Kreuzkümmel und Kokosnuss.

Pontack Sauce

Diese Sauce erhielt ihren Namen im 17. Jahrhundert im mondänen Londoner Lokal *Pontack's Head*, in dem sich die feine Gesellschaft traf. Stammgäste waren unter anderem John Locke, Daniel Defoe und Jonathan Swift.

600 g Holunderfrüchte • 500 ml Apfelessig • 500 g fein gehackte Schalotten • 75 g Zucker • 1 gehackte Knoblauchzehe • 4 Gewürznelken • 4 Pimentkörner • 2 TL gestoßene Pfefferkörner • 1 Stück Macisblüte • 1 Prise Salz • 2 cm Ingwer (optional) • 2 gehackte Anchovis (optional)

Koche die Früchte 4 Stunden im Essig. Filtere die Früchte ab und drücke sie dabei gut aus. Koche die Flüssigkeit bei milder Hitze mit den restlichen Zutaten 25 Minuten. Filtere die Gewürze ab und koche die Sauce nochmals 5 Minuten auf, bevor du sie in Flaschen füllst. Feinspitze lassen die Sauce bis zu 7 Jahre reifen. Kräftiges Aroma für Salate, Suppen, Gemüse, Käse und Fleisch.

Pochierte Pfirsiche in Holunderbeersaft mit Verbene

4 kleine Pfirsiche • 4 EL Holunderfruchtsaft • 125 ml Weißwein oder Wasser • einige Blättchen Verbene • 1 Schuss Zitronensaft

Schäle die Pfirsiche, halbiere sie und entferne den Stein. Koche sie mit den restlichen Zutaten 8 Minuten. Lasse die Früchte im Saft auskühlen. Entferne die Blätter.

Köstlich zu Käse (besonders Blauschimmel), Geflügel und Wild. Mit 4 EL Zucker eine feine Nachspeise.

Pikante Topfenküchlein mit Holundersauce, pochierten Birnen und karamellisierten Walnüssen

Raffinierte Vorspeise für 8 oder Hauptgericht für 4 Personen.

Butter und geriebene Nüsse für die Formen • 1 Ei (getrennt) • 1 Prise Salz • 180 g Topfen • 20 g Butter • Saft und Schale von ½ Zitrone • 20 g Weizengrieß • 1 Prise Muskatnuss • 1 Prise Backpulver • 250 g Holunderfrüchte • 2 gehackte Frühlingszwiebeln • 1 EL Öl • 1 Prise Zimt • 1 Prise Piment • 1 Msp. Orangenschale • Salz • Pfeffer • 4 geschälte kleine Birnen ohne Kerngehäuse • 20 ml Holunderblütensirup (S. 29) • 1 TL Zitronensaft • 20 g Zucker • 30 g Walnüsse

Fette 8 kleine Förmchen und streue sie mit Nüssen aus. Heize den Ofen auf 175 °C vor.

Schlage das Eiweiß mit einer Prise Salz steif. Rühre Topfen, Butter, Eigelb und Zitrone schaumig. Mische Grieß, Muskat sowie Backpulver und rühre sie in den Topfen. Hebe den

Eischnee unter, verteile die Masse auf die Förmchen und backe sie etwa 25–30 Minuten goldbraun.

Koche die Holunderfrüchte knapp mit Wasser bedeckt 15 Minuten, bevor du sie durch ein Sieb passierst. Dünste die Zwiebeln im Öl glasig und verrühre sie mit dem Holunder sowie Zimt, Piment und Orangenschale. Schmecke mit Salz und Pfeffer ab.

Dünste die Birnen knapp mit Wasser bedeckt mit Sirup und Zitronensaft nicht zu weich. Lasse den Zucker bei milder Hitze schmelzen, schwenke die Nüsse darin und lasse sie auf Backpergament etwas abkühlen.

Stürze die Küchlein auf kleine Teller und richte sie mit Birne, Holundersauce und Nüssen an. Schmeckt warm oder kalt.

Kalbsfilet mit Käsebögen und Holunder

200 g Kalbsfilet in Streifen • 1 TL getrocknete Holunderfrüchte • 1 TL Pfeffer • ½ TL Fenchelsamen • ½ TL Koriandersamen • 1 Prise Salz • 2 EL Öl • 1 gehackte Zwiebel • 2 EL Essig • 40 g geriebener Hartkäse • 2 EL Holunderfruchtsirup (siehe S. 44) • frische Kräuter

Mahle die Früchte sowie Gewürze fein und umhülle das Fleisch damit, bevor du es einige Sekunden im sehr heißen Öl brätst. Lasse das Fleisch abkühlen und brate die Zwiebel im verbliebenen Fett. Rühre den Essig ein und püriere die Mischung. Setze den Käse in kleinen Häufchen auf ein mit Backpergament belegtes Blech und schmelze ihn bei 200 °C. Lasse die entstandenen Scheiben abkühlen und setze sie auf kleine Teller. Lege Fleisch und Zwiebelpüree darauf. Serviere mit Siruptupfern und Kräutern als elegante Vorspeise.

Holunderrisotto mit Parmaschinken

750 ml Gemüsesuppe • 1 gehackte Schalotte • 100 g Holunderfrüchte • 1 Stamm Zitronenthymian • 80 g Butter • 200 g Risottoreis • 100 ml Weißwein • 4 Scheiben Parmaschinken in Streifen • 50 g geriebener Parmesan • Salz • Pfeffer • Schnittlauch • Balsamessig

Erwärme die Gemüsesuppe. Dünste Schalotte und Zitronenthymian mit den Früchten in 20 g Butter an. Dünste den Reis kurz mit und lösche mit Wein ab. Wenn der Wein verkocht ist, rühre nach und nach die Suppe ein. Koche den Schinken kurz mit. Binde zum Schluss mit der restlichen Butter und Parmesan. Schmecke mit Salz und Pfeffer ab. Serviere mit Schnittlauch und einigen Tropfen Balsamessig.

Weißbrotroulade mit Holunderfeigen an Steinpilzen

Vegetarische Hauptspeise oder raffinierte Beilage.

200 g Holunderfrüchte • 100 ml Rotwein • 2 Wacholderbeeren • 1 Lorbeerblatt • 1 Prise Zimt • Salz • Pfeffer • 4 getrocknete Feigen • 600 g Weißbrot vom Vortag in Würfeln • 250 ml Milch • 2 Fier • 1 Prise Muskatnuss • 2 EL Butter • 1 Stange Lauch • 1 Zwiebel • 1 EL Öl • 1 kleiner Kopf Wirsing (Kohl) in Streifen • 600 g Steinpilze in Scheiben • 1 Bund Petersilie

Koche die Holunderfrüchte im Wein mit Wacholder, Lorbeer, Zimt, Salz und Pfeffer 15 Minuten. Entferne Wacholder und Lorbeer, rühre die klein geschnittenen Feigen ein.

Mische das Weißbrot mit Milch, Eiern, Salz, Pfeffer und Muskat. Dünste den fein geschnittenen Lauch in Butter glasig, brate etwas Petersilie mit und verknete die Mischung nach dem Abkühlen mit dem Brot. Forme die Masse zu einer Rolle auf einem feuchten hitzefesten Tuch. Ziehe mit einem Kochlöffel eine Längsrille in der Masse und träufle etwas Holundersauce hinein. Schließe die Rille, rolle das Tuch fest zusammen und verknote die Enden mit Küchengarn. Lasse die Rolle 25 Minuten in sanft wallendem Salzwasser ziehen.

Brate die fein geschnittene Zwiebel im Öl scharf an. Brate darin den Wirsing goldgelb. Dünste die Steinpilze und die grob gehackte Petersilie einige Minuten mit.

Schneide die fertige Roulade in Scheiben und richte sie mit den Steinpilzen und der Holundersauce an. Du kannst die Scheiben auch anbraten.

Geflügelleber mit Morcheln und Holunder

10 getrocknete Morcheln • 100 ml Milch • 1 EL Korinthen • 2 EL Holunderfruchtsirup (siehe S. 44) • 1 gehackte Zwiebel • 2 gehackte Knoblauchzehen • 2 EL Butter • 350 g Hirse • 250 ml Weißwein • 1 l Suppe • Salz • weißer Pfeffer • 2 EL Himbeerlikör oder Crème de Cassis • 2 EL Weißweinessig • 300 g Geflügelleber • 2 EL Öl • nach Wunsch etwas Trüffelöl • 4 kleine Stämmchen Zitronenthymian

Weiche die Morcheln 10 Minuten in Wasser ein, siehe sie ab und lege sie in die Milch. Weiche die Korinthen im Sirup ein. Dünste Zwiebel und Knoblauch in der Butter glasig, rühre die Hirse kurz mit und lösche mit dem Wein. Lasse den Wein bei starker Hitze einkochen. Rühre die abgetropften Morcheln und Korinthen ein. Gieße nach und nach unter Rühren die heiße Suppe zu – immer nur so viel, dass die Hirse knapp bedeckt ist – und köchle die Mischung unter stetem Rühren bei milder Hitze etwa 20 Minuten. Rühre die Morchelmilch ein und schmecke mit Salz sowie Pfeffer ab.

Koche Likör und Essig auf das halbe Volumen ein. Brate die Geflügelleber im heißen Öl allseits scharf an. Schöpfe den Hirsebrei auf vorgewärmte Teller, träufle etwas Likör-Essig-Reduktion – und nach Wunsch Trüffelöl – rundum, setze die Leber darauf und lege je ein Thymianstämmchen dazu.

Forelle mit Holunder und Variationen vom Kürbis

4 Forellen • 600 g Muskatkürbis • 100 ml Gemüse-suppe • 2 EL Sesamöl • Saft von 1 Zitrone • Salz • Cayennepfeffer • 1 Prise Muskatblüte • 125 ml Rot-wein • 1 Prise Rosmarin • 1 EL Zucker • 1 gehackte Schalotte • 2 EL Butter • 120 g Holunderfrüchte • einige Stämmchen krause Petersilie • etwas Öl

Wasche und trockne die Forellen. Stich aus dem Kürbis 12 Kugeln, die du in der Suppe bissfest kochst und abseihst.

Rasple etwa 50 g Kürbis grob und mariniere ihn mit Sesamöl, Zitronensaft, Salz, Pfeffer und Muskat. Koche den Rotwein mit Rosmarin, Salz, Cayenne und Zucker auf das halbe Volumen ein. Brate die Schalotte in der Butter einige Minuten, füge den Holunder hinzu und dünste die Mischung 5 Minuten. Schmecke mit Salz und Pfeffer ab und fülle die Mischung in die Forellen. Lege je 1 Stämmchen Petersilie dazu. Bestreiche 4 Stück Backpapier mit Öl. Lege die Forellen und die Kürbisbäll-chen darauf, falte das Papier zu einem dichten Päckchen und backe die Forellen im vorgeheizten Ofen bei 220 °C Ober- und Unterhitze etwa 20 Minuten. Lege die Forellen auf vorgewärmte Teller, gieße die Rotweinreduktion dazu, arrangiere die Kürbisbällchen und den marinierten Kürbis auf den Tellern, dekoriere mit der restlichen Petersilie.

Kaninchen mit Holunder und Weingartenpfirsichen

1 Kaninchen • 4 EL Olivenöl • 2 EL Butter • 2 große Kartoffeln in Scheiben • 6 Schalotten in Spalten • 2 gehackte Knoblauchzehen • 125 ml Weißwein • 125 ml trockener Wermut • Salz • Pfeffer • 4 Stämmchen Rosmarin • 4 Weingartenpfirsiche • 2 EL Butter • 1 EL Kastanienhonig • 4 EL Holunderfrüchte

Heize den Ofen auf 200 °C vor. Teile das Kaninchen in 8 Teile und brate es in der Mischung aus Öl und Butter allseits scharf an, bevor du es in einen großen Bräter legst. Brate im verbliebenen Fett Kartoffeln, Schalotten und Knoblauch an und lege sie zum Kaninchen. Gieße Wein und Wermut dazu, würze mit Salz sowie Pfeffer und lege den Rosmarin darüber. Setze den Deckel auf und gare das Fleisch im Ofen etwa 45 Minuten.

Etwa 10 Minuten vor dem Servieren schäle die Pfirsiche und schneide sie in Spalten. Brate die Spalten in der Butter. Sobald sie zu karamellisieren beginnen, rühre den Honig und den Holunder ein. Gieße etwas vom Kaninchensaft zu und koche die Mischung 3 Minuten, bevor du sie zum Kaninchen servierst.

Anstelle des Kaninchens eignet sich auch Geflügel oder Schwein für dieses Rezept.

Bierfleisch mit Holunder

4 Schweinsschnitzel • 2 EL Öl • 1 gehackte Zwiebel • 1 gehackte Knoblauchzehe • 1 EL Mehl • 300 ml Bier • 2 EL getrocknete Holunderfrüchte • 1 Lorbeerblatt • 2 EL Hollerröster (siehe S. 54) • 1 Stämmchen Thymian

Brate die Schnitzel im Öl scharf an. Nimm das Fleisch aus der Pfanne und brate darin Zwiebel und Knoblauch goldbraun. Lege das Fleisch wieder in die Pfanne, rühre das Mehl ein, gieße mit Bier auf und dünste das Fleisch mit den Holunderfrüchten und Lorbeer 45 Minuten. Rühre den Röster ein und serviere mit frischen Thymianblättchen. Sehr gut und schön mit Süßkartoffelpüree.

Wildschwein mit Holunder-Schokolade-Sauce und glacierten Pastinaken

800 g Wildschweinrücken • 200 g Wildschweinknochen • 2 EL Öl • 1 Bund Suppengrün • 1 große Zwiebel • 350 ml Rotwein • 1 Lorbeerblatt • 5 Pfefferkörner • 1 Gewürznelke • 4 Pimentkörner • 400 g Pastinaken • 2 EL Butter • Salz • Pfeffer • 1 Prise Muskatnuss • 400 g Kartoffeln • 50 ml Obers • 2 EL Weizenmehl • 100 g Holunderfrüchte • 20 g Butter • 30 g Bitterschokolade • 2 Stämmchen Petersilie

Für den Fond brate die in Stücke gehackten Knochen des Wildschweins in 1 EL Öl scharf an, füge das klein geschnittene Suppengrün, Zwiebel, 250 ml Rotwein, Lorbeer, Pfeffer, Nelke und Piment hinzu sowie etwas Wasser. Lasse die Knochen 4 Stunden köcheln, hebe die festen Bestandteile aus dem Sud und lasse die Flüssigkeit auf die Hälfte einkochen.

Scheide die Pastinaken in kleinfingerdicke Stücke und dünste sie in der Butter mit etwas Salz und Pfeffer weich. Schmecke dezent mit Muskat ab. Koche die in Würfel geschnittenen Kartoffeln über Wasserdampf weich, zerdrücke sie im Obers und schmecke mit Salz, Pfeffer und Muskat ab.

Heize den Backofen auf 160 °C vor. Stelle Kartoffeln und Pastinaken im Ofen warm. Würze das Fleisch mit Salz und Pfeffer, wälze es im Mehl und brate es allseits scharf an. Lasse das Fleisch im Ofen einige Minuten nachziehen.

Für die Sauce dünste die Holunderfrüchte in der Butter an, lösche mit den restlichen 100 ml Wein ab und koche die Sauce mit dem Wildschweinfond etwas ein. Schmelze zum Schluss die Schokolade in der Sauce. Setze aus dem Kartoffelbrei kleine Hügel auf vorgewärmte Teller, um die du die Pastinaken arrangierst. Gieße die Sauce an und lege das Fleisch darauf. Dekoriere mit Petersilie.

Maultaschen mit Holunderfüllung

350 g Holunderfrüchte • 2 entsteinte Pflaumen • 40 g Gelierzucker • 1 Zitrone • ½ Orange • 1 kleines Stück Zimtstange • 350 g Topfen • 25 g Butter • 2 kleine Eier • 2 EL Zucker • 75 g altbackenes Weißbrot • 1 Prise Salz • Zum Wälzen: 60 g Butter • 50 g geriebenes Weißbrot • 40 g Zucker • 1 Prise Zimt

Koche die Hälfte des Holunders mit den Pflaumen, Gelierzucker, etwas Zitronen- und Orangenschale sowie Zimt bei milder Hitze 15 Minuten. Entferne die Zimtstange, passiere die Masse durch ein Sieb und koche darin die restlichen Holunderfrüchte 10 Minuten. Lasse die Mischung abkühlen. Verrühre Topfen mit Butter und Eiern und lasse die Mischung 20 Minuten rasten. Rühre etwas Zitronenschale, den Zucker, das geriebene Weißbrot und 1 Prise Salz in den Topfen. Lasse die Mischung 30 Minuten rasten. Teile den Teig in gleichmäßige Portionen und forme flache Scheiben. Setze jeweils 1 Löffel der Holunderfüllung in die Mitte jeder Teigscheibe und klappe sie zu Halbkreisen zusammen. Drücke die Teigränder fest zusammen. Lasse die Taschen in leicht gesalzenes, sanft kochendes Wasser gleiten und darin 5–6 Minuten gar ziehen. Hebe die Taschen mit einem Sieblöffel vorsichtig aus dem Wasser.

Lasse die Butter schmelzen und röste die Weißbrot-
brösel darin goldgelb. Nimm die Pfanne vom Herd und
rühre Zucker und Zimt ein. Wende die Taschen in den
Bröseln. Dazu passt Kompott aus Quitten oder Birnen.

Holunderfruchtsauce (Hollerröster)

Warm und kalt köstlich zu Geflügel, Wild, Käse, im
Ofen gegartem Kürbis und Desserts.

> *500 g Holunderfrüchte • 500 g entsteinte Pflaumen
> oder Birnen ohne Kerngehäuse • 1 Stange Zimt • 2 Ge-
> würznelken • 125 ml Rotwein oder Wasser • 25 g But-
> ter • 1 EL Stärke • 100 g Honig • 1 TL geriebene Li-
> mettenschale (optional)*

Koche die Früchte mit Zimt, Nelken und Flüssigkeit
30 Minuten. Entferne die Gewürze und passiere die
Früchte durch ein Sieb. Bräune die Butter zart an. Verrühre die Stärke mit 2 EL kaltem Wasser. Koche das
Fruchtpüree mit Butter, Honig und Limettenschale 5 Minuten bei milder Hitze. Verwende die Sauce sofort oder
fülle sie heiß in kleine Gläser.

Der klassische Hollerröster wurde 90 Minuten lang
ohne Butter oder Stärke dick eingekocht.

Marmorierte Holunderfruchteiscreme

> *250 g Holunderfrüchte • 25 g Zucker • 75 ml Holun-
> derblütensirup (siehe S. 29) • 100 g weiße Schokolade •
> 4 Eigelb • 200 ml Schlagobers • 1 Prise Salz • 200 g
> Crème fraîche • 1 Prise gemahlener Zimt • 2 EL Cassis
> oder Grand marnier*

Koche die Holunderfrüchte mit dem Zucker in möglichst wenig Wasser 15 Minuten, passiere sie durch ein
Sieb und lasse sie abkühlen. Erwärme den Holunderblü-

tensirup im Wasserbad und lasse die Schokolade darin schmelzen. Rühre Eigelb, Obers und Salz ein. Schlage die Masse, bis sie andickt. Hebe den Topf aus dem Wasserbad und schlage die Masse weiter im Eisbad. Rühre die Crème fraîche, Zimt und Likör ein. Lasse die Masse halb gefrieren. Ziehe das Holunderpüree mit einem Schneebesen in Streifen ein, sodass ein Muster entsteht. Lasse die Creme im Tiefkühler fertig frieren. Besonders fein mit kandierten Veilchen.

Macarons in Violett und Lila

1 TL feinst gemahlene getrocknete Holunderfrüchte, 45 g feinst gemahlene Mandeln, 85 g Staubzucker, exakt 36 g Eiweiß, 100 g weiße Schokolade, 25 ml Holunderfruchtsirup (siehe S. 44), 75 ml Schlagobers, 1 Prise gemahlener Zimt, Mark einer Vanilleschote, 1 EL Rum

Heize den Ofen auf 180 °C Umluft vor. Belege 2 Backbleche mit Backpapier.

Mische Holunderpulver, Mandeln und 75 g Staubzucker. Schlage das Eiweiß schaumig, rühre die restlichen 10 g Staubzucker ein und schlage das Eiweiß einige Minuten weiter. Rühre die Mandelmischung in 3 Portionen ein. Der Teig sollte bandförmig von den Quirlen fließen. Fülle die Masse in einen Spritzbeutel, setze kleine Kreise auf die Bleche und lasse sie 20 Minuten ruhen. Backe die Macarons 8–10 Minuten und lasse sie etwa 5 Minuten abkühlen, bevor du sie vom Papier löst.

Für die Füllung schmelze die Schokolade mit dem Sirup, Obers, Zimt und Vanille. Rühre den Rum ein. Kühle die Masse 1 Stunde, schlage sie auf und kühle sie nochmals 1 Stunde, bevor du die Macarons damit füllst. Besonders edel mit kandierten Veilchen oder Fliederblüten als Dekor.

Holunder-Mandel-Konfekt

150 g Holunderfrüchte, 100 g Honig, 100 g Kokosfett,
1 zarte Prise Salz, 80 g geriebene gebrannte Mandeln,
1 Prise gemahlener Zimt

Koche die Früchte mit dem Honig, bis die Früchte aufplatzen und passiere die Mischung. Erwärme das Püree und lasse das Kokosfett darin schmelzen. Nimm den Topf vom Feuer und rühre Salz, Mandeln und Zimt ein. Setze kleine Häufchen der lauwarmen Masse auf Backpergament oder in Konfektmanschetten und lasse sie abkühlen.

Holunderfruchtgummis zuckerfrei und vegan

250 g Holunderfrüchte, 250 ml Birnendicksaft, Saft
von ½ Zitrone, 1 TL Agar-Agar

Koche die Früchte in möglichst wenig Wasser und passiere sie. Koche das Fruchtmus mit den übrigen Zutaten 2 Minuten. Fülle die Masse in kleine Silikonförmchen oder lasse sie auf einem Blech in einer dünnen Schicht erstarren und stich hernach Förmchen aus.

Das Gelee eignet sich auch als Beigabe zu Käse und Leberpastete sowie zum Überziehen von Obsttorten.

Fruchtaufstrich Holunder-Hagebutte-Weißdorn

500 g Holunderfrüchte, 250 g entkernte Hagebutten,
250 g Weißdornfrüchte, Saft von 2 Zitronen, 500 g Ge-
lierzucker 2:1, 2 Stämmchen Zitronenmelisse (optional)

Koche alle Früchte mit 150 ml Wasser 25 Minuten und passiere sie sodann durch ein feines Sieb. Rühre Zitronensaft und Zucker ein. Koche die Masse mit der Zitronenmelisse sprudelnd 3 Minuten. Fülle sie heiß in saubere Gläser, die du dicht verschließt.

MARGOT FISCHER

Die Anglistin und Ernährungswissenschaftlerin arbeitete viele Jahre in der Forschung am Wiener Allgemeinen Krankenhaus und leitete ein Restaurant mit der Küche von New Orleans. Neben wissenschaftlichen Publikationen und Artikeln zu Ernährungsthemen veröffentlichte sie *Wilde Genüsse – Enzyklopädie und Kochbuch essbarer Wildpflanzen* sowie mehrere Kochbücher, die kulturhistorischen Hintergrund und klassische Kochanleitungen ebenso bieten wie zahlreiche von ihr selbst entwickelte Rezepte.

KÜCHENÖSTERREICHISCH

Karotte	Möhre
Marille	Aprikose
(Schlag-)Obers	(Schlag-)Sahne
(Sauer-)Rahm	Saure Sahne
(Ab-)Rebeln	Entstielen
Rote Rübe	Rote Bete
Staubzucker	Puderzucker
Topfen	Quark
Weichsel	Sauerkirsche

REZEPTVERZEICHNIS

Avocadocreme, blumige 35

Bierfleisch mit Holunder 51

Blini mit Lachs und
Holunderblüten 33

Elixier aus Holunder, Hage-
butte und Ringelblume zur
Stärkung 24

Engelskuchen mit englischer
Holunderblütencreme 39

Englischer Bambus (Mock
Bamboo) 27

Erbsensuppe, geeiste, mit
Holunderblüten 35

Erkältungsbad 22

Forelle mit Holunder
und Variationen vom
Kürbis 50

Fruchtaufstrich Holunder-
Hagebutte-Weißdorn 56

Geflügelleber mit Morcheln
und Holunder 49

Holunderblattknospen,
eingelegte 28

Holunderblütencreme 22

Holunderblüteneiscreme,
vegan 43

Holunderblütenessig mit
Marille 30

Holunderblüten, frittierte 34

Holunderblüten, gebackene,
mit Chili 34

Holunderblütengelee
mit Ziegenkäse, Rote-
Rüben-Relish und
Korianderknusper 33

Holunderblüten-»Honig« 28

Holunderblüten-Karotten-
Kuchen, vegan 38

Holunderblütenkonfekt 42

Holunderblütenkugeln,
vegan 42

Holunderblütenlikör 29

Holunderblüten-
Mandelmilch 31

Holunderblütenparfait mit
Weichseln und Mohn 41

Holunderblütenparfait,
pikantes 32

Holunderblütensabayon mit
Pfirsich oder Marille 41

Holunderblütensekt
(Fliedersekt) 30

Holunderblütensirup mit
Vanille und Blutorange 29

Holunderblüten-Smoothie 31

Holunderblütensorbet,
vegan 38

Holunderblütensoufflée
mit Mandeln und
Rhabarber 38

Holunderblütensuppe mit
Roten Rüben und
Birnen 35

Holunderblütentee 20

Holunderblütenterrine
mit Rhabarber und
Erdbeeren 40

Holunderblüten-
Vinaigrette 31

Holunderblütenwein 30

Holunderfruchtchutney mit
Quitten 45

Holunderfruchteiscreme,
marmorierte 54

Holunderfruchtessig 44

Holunderfruchtgummis,
zuckerfrei und vegan 56

Holunderfruchtlikör
   (Fliederbeerlikör) 44
Holunderfruchtsauce
   (Hollerröster) 54
Holunderfruchtsirup 44
Holunder-Gesichtsreinigungs-
   maske 24
Holunder-Mandel-
   Konfekt 56
Holunderoxymel gegen
   Infektionen und als
   Jungbrunnen 23
Holunderpflegeöl mit
   Kamille und Malve für
   empfindliche Haut 24
Holunderrisotto mit
   Parmaschinken 48
Holundersalbe nach
   Dioskorides 22
Huhn mit Lauch und
   Holunderblüten 36
Kalbsfilet mit Käsebögen
   und Holunder 47
Kaninchen mit Holunder und
   Weingartenpfirsichen 51
Lammkoteletts mit
   Holunderblüten
   und Chicorée 37
Macarons in Violett und
   Lila 55
Maultaschen mit
   Holunderfüllung 53
Melone mit Holunder-
   blütenmousse 43
Mousse von weißer Schoko-
   lade mit Holunderblüten
   und marinierten
   Erdbeeren 42
Pfirsiche, pochierte, in
   Holunderbeersaft
   mit Verbene 46
Pontack Sauce 45

Salat von Spinat mit rosa
   Grapefruit, Granatapfel
   und Holunderblüte 32
Sambucotta 37
Schädlingsbekämpfung,
   natürliche 25
Schokoröllchen, duftende, als
   Dekor 37
Sommerbowle, erfrischende,
   mit Gurke und Rose 32
Tinte, blauschwarz 25
Topfenküchlein, pikante, mit
   Holundersauce, pochierten
   Birnen und karamellisierten
   Walnüssen 46
Viktorianische Holunder-
   blütencreme 40
Weißbrotroulade mit
   Holunderfeigen an
   Steinpilzen 48
Wildschwein mit Holunder-
   Schokolade-Sauce und
   glacierten Pastinaken 52
Zucchiniblüten mit
   Holunderblütenfüllung 36

mandelbaums *kleine gourmandisen*

Jeweils 60 Seiten | Euro 14,– | Gebunden

ARTISCHOCKE	MORCHEL
AVOCADO	ORANGE
BANANE	PASTINAK
BASILIKUM	PISTAZIE
BIRNE	QUITTE
DATTEL	RADICCHIO
ERBSE	RHABARBER
ERDNUSS	ROTE RÜBE ROTE BETE
FEIGE	SAFRAN
FENCHEL	SALBEI
GRANATAPFEL	SELLERIE
GURKE	SESAM
HEIDELBEERE	SPARGEL
HOLUNDER	STEINPILZ
JOHANNISBEERE	TOMATE
KAKAO	THYMIAN
KARFIOL BLUMENKOHL	VANILLE
KAROTTE MÖHRE	WALNUSS
MANDEL	WEICHSEL SAUERKIRSCHE
MANGOLD	ZIMT
MARONE ESSKASTANIE	ZITRONE
MELANZANE AUBERGINE	ZUCCHINI
MOHN	ZWIEBEL